रंगभूमि : पुनर्मूल्यांकन

[आलोचना]

रंगभूमि
पुनर्मूल्यांकन

गोपाल राय

राधाकृष्ण प्रकाशन

1983 में ग्रंथ निकेतन, पटना से प्रकाशित

ISBN : 978-81-19092-46-8

रंगभूमि : पुनर्मूल्यांकन

पहला राधाकृष्ण संस्करण : 2023

मूल्य : ₹100

प्रकाशक
राधाकृष्ण प्रकाशन प्राइवेट लिमिटेड
जी-17, जगतपुरी, दिल्ली-110 051
शाखाएँ : अशोक राजपथ, साइंस कॉलेज के सामने, पटना-800 006
पहली मंजिल, दरबारी बिल्डिंग, महात्मा गांधी मार्ग, प्रयागराज-211 001
1, अनमोल सोराबजी संतुक लेन, धोबी तलाव, मरीन लाइंस, मुम्बई-400 002
वेबसाइट : www.radhakrishnaprakashan.com
ई-मेल : info@radhakrishnaprakashan.com

मुद्रक
विकास कंप्यूटर एंड प्रिंटर्स
ट्रॉनिका सिटी-201 102

RANGBHUMI : PUNARMULYANKAN
Criticism by Gopal Ray

आयु. अरविन्द तथा सौ. संगीता

को

सस्नेह

क्रम

पुरोवाक्

प्रेमचन्द की रचनाओं में 'रंगभूमि' का विशिष्ट स्थान है। यद्यपि कलात्मक उपलब्धि की दृष्टि से 'गोदान' उनका सर्वश्रेष्ठ उपन्यास है, पर कुछ बातों में 'रंगभूमि' अपने काल के समस्त भारतीय कथा साहित्य में अद्वितीय है। अपने समय का जैसा व्यापक और यथार्थ चित्रण 'रंगभूमि' में हुआ है वैसा प्रेमचन्द के अन्य किसी उपन्यास में तो नहीं ही मिलता, वह, मुझे कहने में तनिक भी संकोच नहीं, भारतीय भाषा के किसी भी उपन्यास में दुर्लभ है। 'रंगभूमि' सही अर्थों में अपने युग का दर्पण है। यों 'गोदान' को भी हम 'महाकाव्यात्मक' उपन्यास ही मानते हैं पर 'रंगभूमि' जितना महाकाव्य के निकट है, उतना 'गोदान' नहीं। 'रंगभूमि' में 1920-30 का भारतीय जीवन, राष्ट्रीय संघर्ष और जीवन दर्शन बिलकुल साकार हो गया है।

'रंगभूमि' का लेखन काल अक्तूबर, 1922 से अगस्त, 1924 तक है। इसका प्रथम प्रकाशन फरवरी 1925 ई. में हुआ था। प्रेमचन्द के अन्य पूर्ववर्ती उपन्यासों की तरह ही यह पहले उर्दू में 'चौगाने हस्ती' शीर्षक से लिखा गया पर छपा पहले हिन्दी में। मजे की बात यह है कि इसका हिन्दी रूप उर्दू रूप का हू-ब-हू रूपान्तर नहीं था। अपने हिन्दी रूपान्तर में यह मूल उर्दू मसविदे से इतना भिन्न हो गया

कि उसे उर्दू में प्रकाशित करने के लिए प्रेमचन्द को एक उर्दूदां—श्री इक़बाल वर्मा 'मेहर'—से उसका पुनः उर्दू में अनुवाद कराना पड़ा। इस प्रकार प्रेमचन्द के उर्दू से हिन्दी में आने का यह संक्रान्ति काल कहा जा सकता है। इसके बाद प्रेमचन्द ने अपने सारे उपन्यास मूल रूप से हिन्दी में ही लिखे।

आलोचनात्मक मूल्यांकन की दृष्टि से 'रंगभूमि' उपेक्षितप्राय रहा है। इसके सम्बन्ध में कुछ गलत धारणाएँ भी फैलीं। अपने प्रकाशन के थोड़े ही दिन बाद यह अवध उपाध्याय के आलोचनात्मक प्रहार का शिकार हुआ कि यह थैकरे के 'वैनिटी फेयर' नामक उपन्यास की नकल है। इसे लेकर आलोचकों में विवाद हुआ और स्वयं प्रेमचन्द ने उसमें हिस्सा लिया। अब यह विवाद इतिहास का प्रसंग बन चुका है। यों जरूरत इस बात की है कि एक बार 'रंगभूमि' और 'वैनिटी फेयर' का तुलनात्मक अध्ययन किया जाए। मैं स्वयं अब तक इस काम को नहीं कर सका हूँ, पर मौका मिलेगा तो अवश्य करूँगा।

जहाँ तक मेरी जानकारी है, प्रेमचन्द विषयक आलोचना और शोध-ग्रन्थों में 'रंगभूमि' का विवेचन तो हुआ है, पर 'रंगभूमि' पर पहली स्वतंत्र पुस्तक दो वर्ष पूर्व (1981 में) प्रकाशित डॉ. कमलकिशोर गोयनका कृत 'रंगभूमि : नए आयाम' ही है। 'रंगभूमि' पर स्वतंत्र पुस्तक लिखने की योजना मेरे मन में भी बहुत पहले से थी, पर अनेक कारणों से वह इसके पूर्व कार्यान्वित न हो पाई। 'रंगभूमि : नए आयाम' को पढ़कर मुझे लगा कि अब वह समय आ गया है कि उस योजना को पूरा कर लिया जाए। 'रंगभूमि : नए आयाम' कई दृष्टियों से एक महत्त्वपूर्ण पुस्तक है। विशेषकर इसके आरम्भिक अध्याय—'प्रेरणा स्रोत' से लेकर 'चौगाने हस्ती की भूमिका' तक—अत्यन्त उपयोगी हैं। इनमें डॉ. गोयनका ने 'रंगभूमि' विषयक महत्त्वपूर्ण सूचनाएँ पूरी शोधनिष्ठा के साथ प्रस्तुत की हैं। पर 'रंगभूमि' विषयक उनके विवेचन से सर्वत्र सहमत नहीं हुआ जा सकता। वस्तुतः यही आलोचना

का प्रकृत क्षेत्र है, जहाँ अनेक दृष्टियाँ आपस में टकराती हैं। मैंने 'रंगभूमि' को अपनी दृष्टि से परखने का प्रयास किया है। प्रेमचन्द के विद्यार्थी और विद्वान आलोचक देखें कि यह विवेचन कितना तर्कसंगत और वैज्ञानिक है। यदि मैं इस परीक्षा में उत्तीर्ण हुआ तो अपने को सौभाग्यशाली समझूँगा।

मेरी पुस्तकों के मुख्य प्रेरणा स्रोत मेरे छात्र हैं। उन्हीं की समस्याओं का हल ढूँढ़ने के क्रम में मेरी पुस्तकें तैयार होती हैं। यह पुस्तक भी छात्रों के साथ निरन्तर सहचिन्तन का परिणाम है। पर मेरा यह चिन्तन पुस्तक के रूप में इतना शीघ्र नहीं आ पाता यदि डॉ. नन्दकिशोर नवल आग्रह और जिद्द करके 'आलोचना' के लिए इसमें संकलित प्रथम लेख नहीं लिखा लेते। दूसरा निबन्ध भी उन्हीं की प्रेरणा से प्रगतिशील लेखक संघ की एक गोष्ठी के लिए लिखा गया था। इस प्रकार जब 'रंगभूमि' विषयक इतनी सामग्री तैयार हो गई तो तीसरा निबन्ध लिखकर एक मुकम्मल किताब तैयार कर देने का विचार मन में उपजा और वह विचार आज पुस्तक के रूप में साकार है। यानी कुल मिलाकर इस पुस्तक के बनने का सारा श्रेय मेरे छात्रों को, और विशेष रूप से डॉ. नन्दकिशोर नवल को है, जो खुद भी मेरे छात्र हैं और यह मेरे लिए गौरव की बात है।

यदि यह पुस्तक मेरे छात्रों, प्रेमचन्द के अध्येताओं और विद्वान आलोचकों को थोड़ा भी तुष्ट कर सकी तो मैं उसे अपनी उपलब्धि मानूँगा।

गोपाल

पटना
26 फरवरी, 1983

रंगभूमि

पुनर्मूल्यांकन

रंगभूमि : एक राजनीतिक उपन्यास

'रंगभूमि' एक राजनीतिक उपन्यास है। राजनीतिक उपन्यास लिखने के लिए राजनीतिक यथार्थ और उसकी जटिलताओं की अच्छी जानकारी और समझ नितान्त आवश्यक है। 'रंगभूमि' का रचना-काल अक्तूबर, 1922 से अगस्त, 1924 के बीच है। इस समय तक आते-आते जहाँ एक तरफ ब्रिटिश शासन की जड़ें बहुत मजबूत हो चुकी थीं, वहाँ दूसरी तरफ उसके खिलाफ स्वाधीनता संग्राम भी तेज होने लगा था। 1920 ई. में ही गांधी जी ने मोतीलाल नेहरू, देशबन्धु चित्तरंजन दास और लाला लाजपत राय के सहयोग से सत्याग्रह आन्दोलन आरम्भ कर दिया था। इस आन्दोलन के कुछ महत्त्वपूर्ण मुद्दे थे : स्वदेशी का प्रचार, विदेशी वस्तुओं तथा सरकारी स्कूल-कॉलेजों और सरकारी नौकरियों का परित्याग, अदालतों तथा कौंसिलों का बहिष्कार, राष्ट्रीय विद्यालयों-महाविद्यालयों की स्थापना, अस्पृश्यता निवारण, साम्प्रदायिक एकता कायम करना आदि। इसे सफल बनाने के लिए गांधी जी ने सारे देश का व्यापक दौरा किया। इसी सिलसिले में 8 फरवरी, 1921 को गोरखपुर में गांधी जी का भाषण हुआ और 15 फरवरी, 1921 को प्रेमचन्द ने अपनी लगभग 21 वर्षों की नौकरी से त्यागपत्र दे दिया।

अगस्त 1920 से जनवरी 1922 तक असहयोग आन्दोलन पूरे जोर पर रहा। आन्दोलन की सफलता के लिए तिलक फंड की स्थापना की गई थी जिसमें निर्धारित लक्ष्य से अधिक धन इकट्ठा हुआ। लाखों की संख्या में चरखे वितरित किए गए।

स्वयंसेवकों की संख्या निर्धारित लक्ष्य के आधे पर पहुँच गई। छात्रों और अध्यापकों ने शिक्षण संस्थाओं का बहिष्कार किया। अदालतों का भी बहिष्कार हुआ। अनेक लोगों ने सरकारी उपाधियाँ लौटाईं। नरम दल के कांग्रेसियों तथा कुछ अन्य सरकारपरस्त राजनीतिज्ञों ने कौंसिलों के चुनाव का बहिष्कार नहीं किया, पर कांग्रेस ने मतदान का विरोध किया और जनता ने उसका साथ दिया। विदेशी वस्तुओं के परित्याग में भी पर्याप्त सफलता मिली। इन बीस महीनों में हिन्दुओं और मुसलमानों ने आपसी सहयोग का भी अभूतपूर्व परिचय दिया।

जुलाई 1921 तक असहयोग आन्दोलन ने देश में राष्ट्रीय जागृति की लहर पैदा कर दी थी। पर इस आन्दोलन का ब्रिटिश शासकों पर कोई खास असर नहीं पड़ा। वे प्रलोभन, दमन और फूट डालने की नीति का अनुसरण कर आन्दोलन को दबाने की कोशिश में लगे हुए थे। 5 अक्तूबर, 1921 को कांग्रेस की कार्यकारिणी समिति ने प्रान्तीय कांग्रेस कमिटियों को सविनय अवज्ञा आन्दोलन आरम्भ करने के लिए अधिकृत कर दिया। नवम्बर, 1921 में प्रिंस ऑफ वेल्स भारत आए। कांग्रेस के आह्वान पर उनका स्वागत सारे देश में हड़तालों, प्रदर्शनों और राजनीतिक सभाओं द्वारा हुआ। इसी समय कलकत्ता में चित्तरंजन दास के नेतृत्व में सविनय अवज्ञा आन्दोलन का आरम्भ हुआ। उनके आह्वान पर हजारों की संख्या में युवकों ने स्वयंसेवक दल में नाम लिखाया। जवाब में सरकार ने दमन का रुख अपनाया और चित्तरंजन दास, मोतीलाल नेहरू, जवाहर लाल नेहरू, लाला लाजपत जय आदि गिरफ्तार कर लिये गए।

गांधी जी ने फरवरी, 1922 में वारदोली में सविनय अवज्ञा आन्दोलन आरम्भ करने की घोषणा की। पर इसी बीच 2 फरवरी को चौरीचौरा कांड हो गया और गांधी जी ने आन्दोलन वापस ले लिया। आन्दोलन के अचानक वापस ले लिये जाने के फलस्वरूप राष्ट्रीय मुक्ति संग्राम में किंकर्तव्यविमूढ़ता की स्थिति पैदा हो गई। कांग्रेस के नेता दो दलों में बँट गए। एक दल उन लोगों का था जो असहयोग और बहिष्कार के कार्यक्रम को जारी रखना चाहते थे। दूसरा दल उन नेताओं का था जो काउंसिलों का चुनाव लड़ने के पक्ष में थे। खिलाफतवादी भी दो दलों में बँट गए। अनेक मुसलमान नेताओं का असहयोग तथा गांधी जी के नेतृत्व में विश्वास उठ

गया और वे सरकार के समर्थक बन गए। शेष गांधी जी के मार्ग के अनुयायी बने रहे। राष्ट्रीय शक्तियों के इस विभाजन से सरकार का हौसला बढ़ गया। 10 मार्च, 1922 को गांधी जी गिरफ्तार कर लिये गए और उन्हें छह साल की सजा मिली।

जैसा कहा जा चुका है, 'रंगभूमि' का रचना-काल 1922-24 ई. है और इसमें प्रेमचन्द ने अपने समय के राजनीतिक यथार्थ का चित्रण उसकी समस्त जटिलता, गहराई और व्यापकता में किया है। उल्लेखनीय है कि प्रेमचन्द खुल्लमखुल्ला अँगरेजी सरकार के खिलाफ बगावत नहीं करते। कदाचित उनकी पारिवारिक परिस्थितियाँ और मानसिकता इसके अनुकूल नहीं थीं। गांधीजी द्वारा 1920 ई. में चलाए गए सत्याग्रह आन्दोलन या प्रस्तावित सविनय अवज्ञा आन्दोलन को—उनके तहत अपनाए गए कार्यक्रमों को—प्रेमचन्द उसी रूप में चित्रित नहीं करते। 'रंगभूमि' के तीसरे परिच्छेद में एक 'सेवा समिति' का चित्र प्रस्तुत किया गया है जिसके संचालक, संरक्षक और नीति-निर्धारक रानी जाह्नवी, कुँवर भरत सिंह, डॉ. गांगुली आदि हैं। इसके अन्तर्गत युवक स्वयंसेवकों का एक दल है जिसका नेता कुँवर भरत सिंह का पुत्र विनय सिंह है। आरम्भ में इस सेवा समिति का उद्देश्य रखा गया है : मेले-ठेले में यात्रियों की सहायता करना, कोई दुर्घटना हो जाने पर पीड़ित व्यक्तियों को मदद पहुँचाना या कहीं अकाल वगैरह पड़ जाने पर अकाल पीड़ितों की सहायता करना। किसी भी कल्याणधर्मी राज्य (वेलफेयर स्टेट) में ये कार्य सरकार के होते हैं, पर ब्रिटिश सरकार इसे अपना उत्तरदायित्व नहीं मानती थी। सरकार इस उद्देश्य से स्थापित गैरसरकारी संस्थाओं पर कोई प्रतिबन्ध तो नहीं लगाती थी, पर उन्हें सन्देह की दृष्टि से अवश्य देखती थी। सरकार को सदा शंका बनी रहती थी कि इस प्रकार की संस्थाएँ कहीं राजनीतिक रूप न ले लें। जाहिर है कि साहित्य में ऐसी संस्थाओं के चित्रण पर भी कोई कानूनी प्रतिबन्ध नहीं था, अत: प्रेमचन्द को अपने राजनीतिक विचारों के चित्रण के लिए यही मार्ग सुकर और व्यावहारिक लगा।

यह महत्त्वपूर्ण बात है कि प्रेमचन्द ने रानी जाह्नवी और कुँवर भरत सिंह द्वारा स्थापित 'सेवा समिति' को समकालीन राजनीतिक जीवन के अंकन का बहाना भर बनाया है। इस समिति का अपना गीत है जो विशेष अवसरों पर सामूहिक रूप से गाया जाता है। कवित्व की दृष्टि से 'रंगभूमि' का यह गीत बहुत कमजोर है, पर

प्रेमचन्द के उद्देश्य का स्पष्टीकरण इससे बहुत अच्छी तरह हो जाता है। इस गीत की कुछ पंक्तियाँ हैं :

शान्ति समर में कभी भूल कर धैर्य नहीं खोना होगा,
वज्र प्रहार भले सिर पर हो, नहीं किन्तु रोना होगा।
अरि से बदला लेने का मन-बीज नहीं बोना होगा,
घर में कान तूल देकर फिर तुझे नहीं सोना होगा।
देश दाग को रुधिर वारि से हर्षित हो धोना होगा,
देश कार्य की भारी गठरी सिर पर रख ढोना होगा।
आँखें लाल, भवें टेढ़ी कर, क्रोध नहीं करना होगा,
बलिवेदी पर तुझे हर्ष से चढ़ कर कट-मरना होगा।
होगी निश्चय जीत धर्म की यही भाव भरना होगा,
मातृभूमि के लिए जगत में जीना औ मरना होगा।

इस गीत में *शान्ति समर* में धैर्य न खोने, *मातृभूमि* के लिए जीने और मरने, पराधीनता के कलंक को रुधिर वारि से धोने, हिंसा मार्ग न अपनाने, शत्रु से बदला लेने का भाव मन में न रखने आदि का स्पष्ट कथन है, जो 'सेवा समिति' के घोषित उद्देश्य से बहुत अलग हटकर है और प्रेमचन्द के असली लक्ष्य को संकेतित करता है। इसमें गांधीवादी तरीके से आजादी की लड़ाई का बिलकुल स्पष्ट संकेत है।

इस सेवा समिति का पहला कार्यक्रम यह बनता है कि उसका एक दल विनय सिंह के नेतृत्व में अकाल पीड़ितों की सहायता के लिए राजस्थान जाता है और उदयपुर रियासत को अपना कार्यक्षेत्र बनाता है। प्रेमचन्द ने सेवा समिति के कार्यक्षेत्र को राजपूताना ले जाकर एक तरफ तो अपने को सरकारी प्रकोप से बचाने का उपाय किया है और दूसरी ओर उस बहाने सारे देश की जनता की दयनीय स्थिति का चित्रण किया है। स्वयंसेवक दल के राजस्थान प्रयाण का वर्णन किसी 'सेवा दल' के प्रयाण का वर्णन न लगकर स्वाधीनता संग्राम में प्राणों की आहुति देनेवाले स्वयंसेवक दल का वर्णन प्रतीत होता है :

> राष्ट्रीय गान हो रहा था, यात्री नंगे सिर, नंगे पैर, एक-एक कुरता पहने, हाथ में लकुटी लिये, गरदनों में एक-एक थैली लटकाए चलने

> को तैयार थे। सबके सब प्रसन्न बदन, उल्लास से भरे हुए, जातीयता के गर्व से उन्मत्त थे, जिनको देखकर दर्शकों के मन गौरवान्वित हो रहे थे। (पृ. 95)

इस दृश्य का लोगों के मन पर कैसा असर पड़ता है, इसकी झलक राजा महेन्द्र कुमार जैसे सरकारभीरु व्यक्ति के निम्न कथन से मिलती है :

> ...तुमने आज जातीय उद्‌गारों का एक अपूर्व दृश्य देखने का अवसर खो दिया। बड़ा ही मनोहर दृश्य था। कई हजार मनुष्यों ने जब यात्रियों पर पुष्प वर्षा की तो सारी भूमि फूलों से ढँक गई। सेवकों का राष्ट्रीय गान इतना भावमय, इतना प्रभावोत्पादक था कि दर्शक वृन्द मुग्ध हो गए। मेरा हृदय जातीय गौरव से उछला पड़ता था...। (पृ. 169)

यह वर्णन निश्चय ही स्वाधीनता संग्राम के स्वयंसेवकों की विदाई का वर्णन है। प्रेमचन्द ने सेवा समिति की आड़ में अपने राष्ट्रप्रेम को अभिव्यक्त किया है।

अब हमें यह देखना है कि उदयपुर रियासत में पहुँच कर यह सेवा-समिति क्या करती है? कथाकार बतलाता है कि विनय के नेतृत्व में सेवा समिति के स्वयंसेवक गाँव-गाँव जाकर ग्रामीणों को संगठित करते हैं, पंचायतें कायम करते हैं और ग्रामीणों को स्वावलम्बी बनाने का प्रयास करते हैं। इन संगठनों के फलस्वरूप—

> अब लोग वन्य जन्तुओं को भगाने के लिए पुलिस के यहाँ नहीं दौड़े जाते, स्वयं संगठित होकर उन्हें मार भगाते हैं, जरा जरा सी बात पर अदालतों के द्वार नहीं खटखटाने जाते, पंचायतों में समझौता कर लेते हैं, जहाँ कहीं कुएँ न थे, वहाँ अब पक्के कुएँ तैयार हो गए हैं, सफाई की ओर भी लोग ध्यान देने लगे हैं, दरवाजे पर कूड़े-करकट के ढेर नहीं जमा किया जाता। (पृ. 179-180) सेवा समिति के सदस्य बीमार लोगों की चिकित्सा करते हैं, लोगों के पारस्परिक कलह मिटाते हैं। (पृ. 180)

जो शासन किसी जाति को हमेशा के लिए गुलाम बनाकर रखना चाहता है, उसके लिए आम जनता का इस प्रकार संगठित होना खतरनाक लग सकता है। पर विनय की सेवा समिति इतना ही नहीं करती, वह जगह-जगह किसान सभाएँ बनाती है, किसानों को बेगार न करने और नाजायज कर न देने के लिए प्रेरित करती है तथा आर्थिक समानता का प्रचार करती है। पोलिटिकल रेजिडेंट की रिपोर्ट का हवाला देते हुए सरदार नीलमणि कहते हैं :

> कोई कोटा में कृषकों की सभाएँ बनाता फिरता है, कोई बीकानेर में बेगार की जड़ खोदने पर तत्पर हो रहा है, कोई मारवाड़ में रियासत के उन करों का विरोध कर रहा है, जो परम्परा से वसूल होते चले आए हैं। आपलोग साम्यवाद का डंका बजाते फिरते हैं। आपका कथन है, प्राणिमात्र को खाने-पहनने और शान्ति से जीवन व्यतीत करने का समान स्वत्व है। (पृ. 194)

स्पष्ट है कि कुँवर भरत सिंह की सेवा समिति राजस्थान में 'जनता की सेवा' की आड़ में, बिना कोई राजनीतिक घोषणा किए आम जनता को न केवल संगठित कर रही है, वरन 'बोलशेविज्म' के मार्ग पर भी ले जा रही। स्वभावतः राज्य का अधिकारी वर्ग विनय का विरोधी हो जाता है, क्योंकि :

> दारोगा की मुट्ठियाँ अब गर्म नहीं होतीं, कामदार और अन्य कर्मचारियों के यहाँ मुकदमे नहीं आते। कुछ हत्थे नहीं चढ़ता। (पृ. 180)

अधिकारी वर्ग इसे जनता में विद्रोह का अंकुर उगना समझता है। विनय की गतिविधियों की जानकारी रखने के लिए उसके पीछे गुप्तचर लगा दिए जाते हैं और एक दिन उसे 'डाकुओं' से मिले होने के अपराध में कैद भी कर लिया जाता है।

उदयपुर की रियासत के खिलाफ वीरपाल सिंह के नेतृत्व में आतंकवादियों का एक दल भी सक्रिय है। इस दल का कोई राजनीतिक लक्ष्य नहीं है, वह केवल अधिकारियों द्वारा प्रजा पर किए जानेवाले अत्याचार और दमन की प्रतिक्रिया में संगठित हुआ है और उसका कार्य सरकारी खजाना लूटना, अधिकारियों की हत्या

करना आदि तक सीमित है। वीरपाल ने राज्य के नौकरों को नेस्तनाबूद करने का प्रण किया है। (पृ. 183) वह विनय सिंह से रियासत में होनेवाले अन्याय, अत्याचार और दमन की कहानी कहता है :

> ...ये लोग प्रजा को दोनों हाथों से लूट रहे हैं। इनमें दया है न धर्म। हैं हमारे ही भाई-बन्द, पर हमारी ही गरदन पर छुरी चलाते हैं। किसी ने जरा साफ कपड़े पहने और ये लोग उसके सिर हुए। जिसे घूस न दीजिए, वही आपका दुश्मन है। ...दिन दहाड़े खून कीजिए, पर पुलिस की पूजा कर दीजिए, आप बेदाग छूट जाएँगे, आपके बदले कोई बेकसूर फाँसी पर लटका दिया जाएगा।...यही समझ लीजिए कि हिंसक जन्तुओं का एक गोल है, सबके सब मिलकर शिकार करते हैं और मिल-जुलकर खाते हैं। राजा है, वह काठ का उल्लू... या तो विलायत की सैर करेगा, या यहाँ अँगरेजों के साथ शिकार करेगा, सारे दिन उन्हीं की जूतियाँ सीधी करेगा। ...प्रजा जिए या मरे, उसकी बला से। (183)

ध्यानपूर्वक देखें तो वीरपाल का उपर्युक्त कथन न केवल देशी रियासतों पर वरन बहुत दूर तक ब्रिटिश सरकार द्वारा शासित देश के अन्य भागों पर भी लागू है। यह भी स्मरणीय है कि तत्कालीन देशी रियासतें ब्रिटिश सरकार के अधीन थीं, उन्हें केवल प्रजा का शोषण और दमन करने की छूट थी, कोई राजनीतिक स्वतंत्रता उन्हें नहीं थी। 'रंगभूमि' में इस सच्चाई. का चित्रण हुआ है। पोलिटिकल रेजिडेंट के कितने अधिकार थे, इसका पता क्लार्क के इस कथन से चलता है :

> ...उसका अधिकार सर्वत्र, यहाँ तक कि राजा के महल के अन्दर भी होता है। रियासत का कहना ही क्या, वह राजा के खाने, सोने, आराम करने का समय तक नियत कर सकता है। राजा किससे मिले, किससे दूर रहे, किसका आदर करे, किसकी अवहेलना करे, ये सब बातें एजेंट के अधीन हैं।...बस यों समझो कि वह रियासत का खुदा होता है। (पृ. 254)

कहने का तात्पर्य यह कि विनय या वीरपाल द्वारा किसी देशी रियासत के खिलाफ संघर्ष अन्ततः ब्रिटिश सरकार से संघर्ष ही है। प्रेमचन्द ने इस उद्देश्य से ही इस कथानक की योजना की है और इसके माध्यम से उन्होंने ब्रिटिश सरकार के खिलाफ जारी स्वाधीनता संग्राम के अनेक आयामों का चित्रण किया है।

स्वाधीनता की लड़ाई में प्रेमचन्द गांधी जी के अहिंसा मार्ग के समर्थक जान पड़ते हैं। वे वीरपाल के माध्यम से हिंसा मार्ग का तथा विनय के माध्यम से अहिंसा मार्ग का चित्रण करते हैं। प्रेमचन्द वीरपाल के प्रति कहीं भी असहानुभूति नहीं प्रदर्शित करते, पर कदाचित अपना समर्थन विनय को देते जान पड़ते हैं। विनय अहिंसा मार्ग का अनुयायी है। वह वीरपाल को, पहली ही मुलाकात में, हिंसा का मार्ग छोड़ने की सलाह देता है। (पृ. 184) जब 'डाकुओं' से मिले होने के सन्देह में विनय को पकड़कर जेल में डाल दिया जाता है तो वीरपाल और उसके आदमी जेल की दीवार में सेंध लगाकर विनय के पास पहुँच जाते हैं, उसे अपने साथ निकल भागने का अनुरोध करते हैं। (पृ. 189) पर विनय इस प्रस्ताव को ठुकरा देत है। वह वीरपाल और उसके अनुयायियों को 'अधर्मी' कहता है और न्यायालय से निर्दोष सिद्ध हो जाने के बाद ही मुक्त होने का अपना निश्चय व्यक्त करता है। वीरपाल राज्य के न्यायालयों से न्याय न मिलने की कटु सच्चाई सामने रखता है, पर विनय भ्रम में है। वह कहता है :

> इस राज्य को हमलोगों ने सदैव गौरव की दृष्टि से देखा है, महाराजा साहब को आज भी हम उसी श्रद्धा की दृष्टि से देखते हैं। वह उन्हीं सांगा और प्रताप के वंशज हैं जिन्होंने हिन्दू जाति की रक्षा के लिए अपने प्राणों की आहुति दे दी थी।...राज्य पर दोषारोपण करके हम अपने को उस महान वस्तु के अयोग्य सिद्ध करते हैं, जो हमारे जीवन का लक्ष्य और इष्ट है। (पृ. 191)

यह आचरण और विचार महात्मा गांधी के आचरण और विचारों के अनुरूप है। जब 1922 में गांधी जी पकड़े गए और उन पर मुकदमा चला तो उन्होंने सरकार से स्वयं को कड़े से कड़ा दंड देने का अनुरोध किया, क्योंकि वे अपने को सरकार

के विरुद्ध जनता को भड़काने के लिए दोषी मानते थे। ब्रिटिश सरकार के प्रति गांधी जी की आस्था भी पूरी तरह से बनी हुई थी और 'अपने जीवन के लक्ष्य और इष्ट' के लिए वे भी परम्परागत नैतिक मूल्यों पर दृढ़ बने रहने के आग्रही थे।

पर विनय गांधीवादी मार्ग पर अधिक देर तक नहीं टिकता। कुछ दिनों तक मोहग्रस्त रहने के बाद जब उसका मोहभंग होता है तो वह रियासत के दीवान को धमकी देते हुए कहता है :

> यदि आपने मेरा अनुरोध न माना तो आप रियासत में ऐसा विप्लव मचा देंगे, जो रियासत की जड़ हिला देगा। मैं यहाँ से मि. क्लार्क के पास जाता हूँ। उनसे भी यही अनुरोध करूँगा, और यदि वह भी न सुनेंगे, तो हिज हाइनेस की सेवा में भी यही प्रस्ताव उपस्थित करूँगा। अगर उन्होंने भी न सुना तो फिर इस रियासत का मुझसे बड़ा और कोई शत्रु न होगा। (पृ. 388)

विनय की इस धमकी में हिंसा का स्वर स्पष्ट रूप से सुनाई पड़ता है; यद्यपि विनय इसके बाद भी कुछ करता नहीं, जो उसके चरित्र की दुर्बलता का द्योतक है। इसके बाद विनय और सोफिया राजस्थान छोड़कर बनारस आ जाते हैं और सेवा समिति का संचालन करने लगते हैं। उपन्यासकार पाठकों को सूचित करता है कि

> जब से सोफिया और विनय सिंह आ गए थे, सेवक दल बड़ी उन्नति कर रहा था। उसकी राजनीति की गति दिन-दिन तीव्र और उग्र होती जाती थी। (पृ. 449)

इससे यह संकेतिक होता है कि विनय अन्ततः उग्र राजनीति की ओर अग्रसर होता जाता है जो गांधी जी का मार्ग नहीं है।

'रंगभूमि' की राजस्थान सम्बन्धी कथा के माध्यम से प्रेमचन्द समकालीन राजनीति के और कई पक्षों का चित्रण करते हैं। क्लार्क उदयपुर रियासत का पोलिटिकल एजेंट होकर वहाँ के विभिन्न नगरों का दौरा करता है। उसके स्वागत में राज्य की तरफ

से जोरदार तैयारियाँ होती हैं, पर सामान्य जनता उदासीन ही रहती है। इस प्रसंग के माध्यम से कथाकार ने नवम्बर, 1921 में प्रिंस ऑफ वेल्स के भारत आगमन पर सामान्य जनता की तीव्र प्रतिक्रिया का चित्रण किया है। उस अवसर पर अखिल भारतीय कांग्रेस कमिटी ने प्रिंस ऑफ वेल्स की भारत यात्रा का बहिष्कार करने का निश्चय किया और जहाँ-जहाँ युवराज गए उनका स्वागत हड़तालों, प्रदर्शनों और राजनीतिक सभाओं में विरोध प्रदर्शन द्वारा हुआ। इस स्थिति की झलक हमें क्लार्क के स्वागत के चित्रण में मिलती है। उपन्यासकार लिखता है :

> सड़कों के दोनों तरफ सशस्त्र सिपाहियों की सफें खड़ी कर दी गई हैं कि प्रजा की अशान्ति का कोई चिह्न भी न नजर आने पाए। सभाएँ करने की मनाही कर दी गई है। (पृ. 269) उनके स्वागत में फूलों की वर्षा हो रही थी, पर छतों से नहीं, सिपाहियों के हाथों से। नगर में कहीं आनन्दोत्साह का चिह्न नहीं है, सियापा-सा छाया हुआ है, न पग-पग पर जयध्वनि है, न कोई रमणी आरती उतारने आती है, न कहीं गाना-बजाना है। मानो किसी पुत्रशोकमग्न माता के सामने विहार हो रहा हो। (पृ. 269)

कथाकार नए-नए प्रसंगों की सृष्टि करके सरकार के विरुद्ध जनता के आक्रोश और विद्रोह तथा सरकार द्वारा उसके दमन का चित्रण करता है। एक दिन क्लार्क की मोटर से दबकर एक आदमी की मृत्यु हो जाती है। इस पर लोगों की भीड़ क्लार्क की मोटर को घेर लेती है और जब क्लार्क के आज्ञा देने पर भी लोग नहीं हटते तो वह गोली चला देता है जिससे एक आदमी की मृत्यु हो जाती है। पर इससे जनता भयभीत नहीं होती। उत्तेजित भीड़ क्लार्क का बँगला घेर लेती है। इसका वर्णन कथाकार निम्नलिखित शब्दों में करता है :

> जब राजभवन के निकट पहुँचे, तो इतनी भीड़ देखी कि एक-एक कदम चलना मुश्किल हो गया और भवन से एक गोली के टप्पे पर तो उन्हें विवश होकर रुकना पड़ा। सिर ही सिर दिखाई देते थे।

> राजभवन के सामने एक बिजली की लालटेन जल रही थी और उसके उज्ज्वल प्रकाश में हिलता-मचलता, रुकता, ठिठकता हुआ जन प्रवाह इस तरह भवन की ओर चला जा रहा था, मानो उसे निगल जाएगा। भवन के सामने सिपाहियों की एक कतार संगीनें चढ़ाए, चुपचाप खड़ी थी। (पृ. 302)

इस जनसमूह का नेता वीरपाल है और उसकी माँग मात्र इतनी है कि 'भविष्य में ऐसी दुर्घटनाओं के लिए अपराधी को दंड दिया जाए।' सोफिया भीड़ को सम्बोधित कर रही है। इसी बीच भीड़ से कोई व्यक्ति उस पर पत्थर चला देता है, जिससे वह घायल हो जाती है। इस पर पुलिस भीड़ पर गोली चार्ज कर देती है। भीड़ तो तितर-बितर हो जाती है पर वीरपाल सोफिया का अपहरण कर ले जाता है। इसके बाद सरकार का जो दमन चक्र चलता है उसके चित्रण के बहाने उपन्यासकार ने ब्रिटिश शासन काल में स्वाधीनता आन्दोलन के दमन का ही अंकन किया है :

> सन्देह मात्र में लोग फाँस दिए जाते थे और उनको कठोरतम यातनाएँ दी जाती थीं। साक्षी और प्रमाण की कोई मर्यादा न रह गई थी। इन अपराधियों के भाग्यनिर्णय के लिए एक अलग न्यायालय खोल दिया गया था। उसमें मँजे हुए प्रजाद्रोहियों को छाँट-छाँटकर नियुक्त किया गया था। यह अदालत किसी को छोड़ना न जानती थी। किसी अभियुक्त को प्राणदंड देने के लिए एक सिपाही की शहादत काफी थी। (पृ. 305) क्लार्क जब दौरे पर निकलता है तो एक अँगरेजी रिसाला साथ ले लेता है और इलाके के इलाके उजड़वा देता है, गाँव के गाँव तबाह करवा देता है, यहाँ तक कि स्त्रियों पर भी अत्याचार करता है। (पृ. 306)

यह दमन सोफिया जैसी कोमल भावोंवाली युवती को विद्रोही बना देता है। उसका देशप्रेम जाग्रत हो जाता है और वह विनय का, जिसे वह हृदय से प्रेम करती

है, तिरस्कार करने से बाज नहीं आती। वह प्रेम में अन्धे बनकर जनता पर अत्याचार करनेवाले विनय का तिरस्कार करती हुई कहती है :

> ...अगर आज तुम रियासत के हाथों पीड़ित, दलित, अपमानित और दंडित होकर मेरे सम्मुख आते, तो मैं तुम्हारी बलाएँ लेती, तुम्हारे चरणों की रज मस्तक पर लगाती और अपना धन्य भाग समझती। (पृ. 320)

सोफिया की प्रतिक्रिया के माध्यम से प्रेमचन्द ने ब्रिटिश शासन के प्रति अपने विचार व्यक्त किए हैं :

> ...मेरी दृष्टि में जिस राज्य का अस्तित्व अन्याय पर हो, उसका निशान जितनी जल्द मिट जाए, उतना ही अच्छा। (पृ. 321-322)

शासन की दमनात्मक कार्रवाइयों से उत्तेजित होकर सोफिया हिंसक क्रान्ति पर उतर आती है। वह कहती है :

> ...उन पापियों से खून का बदला लूँगी, जिन्होंने प्रजा की गरदन पर छुरियाँ चलाई हैं। एक-एक को जहन्नुम की आग में झोंक दूँगी तब मेरी आत्मा तृप्त होगी। ...जब तक अत्याचारियों के इस जत्थे का मूलोच्छेद न कर लूँगी, चैन न लूँगी, चाहे इस अनुष्ठान में मुझे प्राणों से ही क्यों न हाथ धोना पड़े, चाहे रियासत में विप्लव ही क्यों न हो जाए चाहे रियासत का निशान ही क्यों न मिट जाए? (पृ. 324)

सोफिया के नेतृत्व में वीरपाल का दल सरकारी कर्मचारियों की हत्या करना आरम्भ करता है। जागीरें लूटी जाने लगती हैं और चारों ओर आतंक फैल जाता है। पर प्रेमचन्द इस हिंसा और आतंक की राजनीति के समर्थक नहीं हैं, इसलिए बड़े आकस्मिक और अस्वाभाविक ढंग से यह कथा समाप्त हो जाती है। आतंकवादियों द्वारा मौत के घाट उतार दिए गए एक दारोगा की माँ से मुलाकात होते ही सोफिया का हृदय परिवर्तन हो जाता है और वह वीरपाल का साथ छोड़कर विनय के साथ बनारस लौट आती है। इस प्रसंग से न केवल

आतंकवादी आन्दोलन की लक्ष्यहीनता का यथार्थ सामने आता है, वरन प्रेमचन्द का गांधीवादी झुकाव भी प्रकट होता है।

राजस्थान के कथा प्रसंग के द्वारा प्रेमचन्द ने स्वाधीनता आन्दोलन के प्रति अँगरेजों के रुख का चित्रण भी क्लार्क के माध्यम से किया है। लायड जार्ज ने, जो लिबरल दल का प्रधानमंत्री था, अपने 2 अगस्त, 1922 के पार्लियामेंट के प्रसिद्ध भाषण में राजनीतिक सुधारों की माँग को सर्वथा बेमानी बताते हुए कहा था :

> मुझे वह समय बिलकुल नहीं दिखाई पड़ता जब (भारतीय) ब्रिटिश सिविल सर्विस के मार्गदर्शन और सहायता के बिना अपना काम चला सकें।[1]

उसने यह भी कहा कि 'ब्रिटेन किसी भी परिस्थिति में भारत में अपने उत्तरदायित्व का त्याग नहीं करेगा।' इसी नीति का पालन करते हुए रीडिंग ने, जिसने 2 अप्रैल, 1921 को गवर्नर जेनरल का कार्यभार सँभाला था, प्रलोभन, दमन और साम्प्रदायिक भेदभाव के द्वारा स्वाधीनता आन्दोलन को दबाने का कार्यक्रम अपनाया। 'रंगभूमि' का अंग्रेज अधिकारी पात्र क्लार्क लिबरल दल का है, पर वह भी उतना ही साम्राज्यवादी है जितना कंजरवेटिव दल का कोई सदस्य। यद्यपि वह सोफिया के प्रेम में अन्धा है और उसके इशारे पर नाचता है, पर उसके शब्दों से उसके साम्राज्यवादी दृष्टिकोण का आभास मिले बिना नहीं रहता। जब सोफिया क्लार्क से विनय के प्रति सहानुभूति रखने की बात कहती है तो क्लार्क उत्तर देता है :

> ...जो सहानुभूति साम्राज्य की जड़ खोखली कर दे, विद्रोहियों को सर उठाने का अवसर दे, प्रजा में अराजकता का प्रचार करे, उसे मैं अदूरदर्शिता ही नहीं पागलपन समझता हूँ। (पृ. 209)

वह अन्यत्र कहता हैं :

> ...हमारा साम्राज्य तभी तक अजेय रह सकता है, जब तक प्रजा पर हमारा आतंक छाया रहे।...हमें अपना राज्य प्राणों से भी प्रिय है, और जिस व्यक्ति से हमें क्षति की लेशमात्र भी शंका हो, उसे हम कुचल

> डालना चाहते हैं, उसका नाश कर देना चाहते हैं, उसके साथ किसी भाँति की रिआयत, सहानुभूति, यहाँ तक कि न्याय का व्यवहार भी नहीं कर सकते। (पृ. 281)

जब क्लार्क को ज्ञात होता है कि सोफिया आतंकवादियों से मिल गई है तो उसकी बौखलाहट निम्न पंक्तियों में व्यक्त होती है :

> अब जाकर रहस्य खुला कि वह बोलशेविकों की एजेंट है। उसके एक एक शब्द से उसकी बोलशेविक प्रवृत्ति टपक रही है। (पृ. 388)

वह आगे कहता है :

> अँगरेज जाति भारत को अनन्त काल तक अपने साम्राज्य का अंग बनाए रखना चाहती है। कंजरवेटिव हो या लिबरल, रेडिकल हो या लेबर, नेशलिस्ट हो या सोशलिस्ट, इस विषय में सभी एक ही आदर्श का पालन करते हैं। रेडिकल और लेबर नेताओं के धोखे में न आओ। हम सबके सब—मैं लेबर हूँ—साम्राज्यवादी हैं। अन्तर केवल उस नीति में है जो भिन्न-भिन्न दल इस जाति पर आधिपत्य जमाए रखने के लिए ग्रहण करते हैं। कोई कठोर शासन का उपासक है, कोई सहानुभूति का, कोई चिकनी-चुपड़ी बातों से काम निकालने का। बस, वास्तव में नीति कोई है ही नहीं केवल उद्देश्य है, और वह यह कि क्यों कर हमारा आधिपत्य उत्तरोत्तर दृढ़ हो। (पृ. 389)

क्लार्क के इस कथन से अँगरेजों की साम्राज्यवादी नीति पर प्रकाश पड़ता है और प्रेमचन्द की राजनीतिक समझ का पता चलता है। क्लार्क सोफिया के नेतृत्व में चलाए जा रहे आन्दोलन को 'बोलशेविक आन्दोलन' कहता है। (पृ. 389) बोलशेविक आन्दोलन से उसका तात्पर्य है आम जनता के हिंसात्मक आन्दोलन से। यद्यपि वीरपाल और सोफिया के नेतृत्व में चलनेवाला प्रतिशोध अभियान किसी भी अंश में 'बोलशेविक आन्दोलन' नहीं है पर इससे इस प्रकार के आन्दोलन के प्रति ब्रिटिश सरकार के रवैये का पता तो चलता ही है।

सेवक दल के राजस्थान अभियान के दौरान बनारस में सेवा समिति की कार्यवाहियों पर दृष्टिगत करना भी आवश्यक है। जैसा हम देख चुके हैं, सेवा समिति के संरक्षक-संचालक हैं कुँवर भरत सिंह, रानी जाह्नवी, डॉ. गांगुली आदि। एक सूचना के अनुसार स्वयंसेवकों का एक दल डॉ. गांगुली के नेतृत्व में दुर्भिक्षग्रस्त गढ़वाल को जाता है। (पृ. 159) उपन्यास में इसका फिर कहीं जिक्र नहीं हुआ है। इस बीच समिति के स्वयंसेवकों की संख्या तीन सौ पहुँच चुकी है। (पृ. 160) सरकार सेवा समिति को अत्यन्त सन्देह की नजर से देखती है। स्वयंसेवकों के विदाई समारोह में राजा महेन्द्र कुमार का शामिल होना सरकारपरस्त अखबारों की सुर्खियों का विषय बन जाता है। उनमें यह विचार व्यक्त किया जाता है कि

> अनुभव ने यह बात सिद्ध कर दी है कि सेवा समितियाँ चाहे कितनी शुभेच्छाओं से गर्भित हों, पर कालान्तर में वे विद्रोह और अशान्ति का केन्द्र बन जाती हैं। (पृ. 170)

उधर अँगरेज कमिश्नर भी राजा साहब को बुलाकर उनसे उसकी कैफियत पूछता है और राजा साहब अपनी बरसों की वफादारी का हवाला तथा भविष्य में और भी वफादार बनने का आश्वासन देकर ही अपनी जान छुड़ाते हैं।

इस बीच दो बातें और होती हैं। एक यह कि सेवा समिति सूरदास के भूमि संघर्ष से सम्बद्ध हो जाती है और कुँवर भरत सिंह प्रभु सेवक को, जो अपने घर से विद्रोह करके इस सेवा समिति में शामिल हो गया है, समिति का नायक बना देते हैं। जब गाँववालों तथा राजा महेन्द्र कुमार के षड्यंत्र से सूरदास को दूसरे की स्त्री भगाने के अपराध में सजा हो जाती है तो जनता इस पर अपना विरोध प्रकट करती है। जनता का नेतृत्व प्रभु सेवक, इन्द्रदत्त आदि कर रहे हैं, जो सेवा समिति के सदस्य हैं। वे जुरमाने की रकम जमा करके सूरदास को जेल से छुड़ाने की ही नहीं, सूरदास का जुलूस निकालने की भी योजना बना डालते हैं। इसके लिए न केवल रानी जाह्नवी, कुँवर भरत सिंह और डॉ. गांगुली चन्दा देते हैं, वरन इन्दु भी चन्दा देती है, अपने पति की इच्छा के विरुद्ध। इस आन्दोलन के माध्यम से प्रेमचन्द ने ब्रिटिश शासन द्वारा आन्दोलनकारियों पर

मुकदमे चलाए जाने और उस पर जनता की प्रतिक्रिया का प्रकारान्तर से चित्रण किया है। (पृ. 350, 359-60)

सेवा समिति का नायक बनते ही प्रभु सेवक उसे राजनीतिक संस्था बना देता है। कथाकार के अनुसार—

> अब तक इस संस्था का कार्यक्षेत्र सामाजिक था। मेलों-ठेलों में यात्रियों की सहायता, बाढ़-बूड़े में पीड़ितों का उद्धार, सूखे-झूरे में विपत्ति के मारे हुओं का कष्ट निवारण, ये ही उसके मुख्य विषय थे। प्रभु सेवक ने इसका कार्यक्षेत्र विस्तृत कर दिया, इसको राजनीतिक रूप दे दिया। यद्यपि उन्होंने कोई नया प्रस्ताव न किया, किसी परिवर्तन की चर्चा तक न की, पर धीरे-धीरे उनके असर से नए भावों का संचार होने लगा। (पृ. 415)

यह ध्यान देने की बात है कि प्रभु सेवक गांधी मार्ग का पूर्णतः अनुयायी नहीं है। वह अन्याय बर्दाश्त नहीं करता। वह रिश्वतखोर कर्मचारियों, जालिम जमींदारों और स्वार्थी अधिकारियों पर 'सदैव ताक लगाए' रहता है। (पृ. 415) सेवा समिति में शामिल होने के पूर्व ही विनय के उदयपुर रियासत में जेल में बन्द कर दिए जाने पर उनकी प्रतिक्रिया निम्न शब्दों में प्रकट होती है :

> प्रजा की सहनशक्ति की भी कोई सीमा होनी चाहिए और होती है। उसकी अवहेलना करके कानून ही नहीं रह जाता। उस समय उस कानून को भंग करना ही प्रत्येक विचारशील प्राणी का कर्तव्य हो जाता है। (पृ. 258)

वह आगे कहता है :

> जिस आज्ञा का आधार केवल पशुबल हो, उसका पालन करना आवश्यक नहीं। अगर उदयपुर में कोई उत्तरदायित्वपूर्ण सरकार होती और वह बहुमत से यह हुक्म देती तो दूसरी बात थी। (पृ. 259)

प्रभु सेवक यह भी कहता कि :

> जब तक हम खून से डरते रहेंगे, हमारे स्वत्व भी हमारे पास आने से डरते रहेंगे। उनकी रक्षा भी तो खून ही से होगी। राजनीति का क्षेत्र समरक्षेत्र से कम भयावह नहीं है। उसमें उतरकर रक्तपात से डरना कापुरुषता है। (पृ. 259)

प्रभु सेवक की इन प्रतिक्रियाओं में उग्रवादी हिंसक आन्दोलन की झलक मिलती है। इसे हम प्रेमचन्द का विचार न भी मानें, पर प्रेमचन्द इसकी निन्दा भी नहीं करते। प्रभु सेवक के कथन में दो 'पद' बहुत महत्त्वपूर्ण हैं : 'उत्तरदायित्वपूर्ण सरकार' और 'बहुमत'। इससे यह संकेतित होता है कि प्रेमचन्द का प्रजातंत्र में विश्वास था और वे अँगरेजों के चले जाने पर प्रजातांत्रिक शासन प्रणाली की स्थापना के आकांक्षी थे।

प्रभु सेवक जनता में आत्मसम्मान का भाव जागृत करना चाहता है। यह स्वाधीनता-प्राप्ति का प्रथम सोपान है। सेवा समिति के कुछ सदस्य, जिनमें इन्द्रदत्त प्रमुख हैं, मानते हैं कि

> प्रजा में असन्तोष पैदा करना भी स्वयंसेवकों का मुख्य कर्तव्य है। (पृ. 416)

खबर आती है कि बन्दोबस्त के अफसर किसी प्रान्त में भूमि कर में मनमानी वृद्धि कर देते हैं। काउंसिलों, समाचार-पत्रों और राजनीतिक सभाओं में इस वृद्धि का विरोध होता है, पर कर विभाग पर इसका कोई असर नहीं होता। प्रभु सेवक की राय है कि

> आसामी असहयोग कर दें और साल-भर तक जमीन परती पड़ी रहने दें। (पृ. 416)

एक स्थान पर प्रभु सेवक कहता है :

> हम औषधियाँ बाँटने और अकाल-पीड़ित प्रान्तों में मवेशियों का चारा ढोने के लिए नहीं हैं; है वह भी हमारा काम, इससे हमें इनकार नहीं,

लेकिन मैं उसे इतना गुरु नहीं समझता। यह विध्वंस का काल है, निर्माण का समय तो पीछे आएगा। (पृ. 417)

गांधी जी इस तरह के आन्दोलन के समर्थक नहीं थे। प्रभु सेवक को उपन्यासकार से मिलने वाले मौन समर्थन से संकेतित होता है कि प्रेमचन्द स्वयं गांधीवाद के अन्धानुयायी नहीं थे।

प्रभु सेवक के नेतृत्व में सेवा समिति को व्यापक लोकप्रियता प्राप्त होती है। लोग इस संस्था की सहायता करने के लिए बड़ी-बड़ी रकमें देने को तैयार रहते हैं। इस सेवा समिति के स्वयंसेवक आज़ादी के सच्चे सिपाही हैं। कथाकार के शब्दों में :

सबके सब एक रंग में रंगे हुए थे, राष्ट्रीयता के मद में चूर, न धन की चिन्ता, न घर-बार की फिक्र, रूखा-सूखा खानेवाले, मोटा पहनने वाले, जमीन पर सोकर रात काट देते थे, घर की जरूरत न थी, कभी किसी वृक्ष के नीचे पड़ रहते, कभी किसी झोंपड़े में। हाँ, उनके हृदयों में उच्च और पवित्र देशोपासना हिलोरें ले रही थी। (पृ. 418)

स्वाधीनता की लड़ाई के सिपाहियों का यह चित्रण प्रेमचन्द के राष्ट्रीय भावों का परिचायक है।

देखते-देखते यह सेवा समिति राष्ट्रीय स्तर की संस्था बन जाती है। पूना तक में इस सेवा समिति का एक केन्द्र है, जहाँ का नायक एक बड़े जीवट का आदमी है। (पृ. 418) पूना में समिति की राष्ट्रीय सभा का अधिवेशन होता है, जहाँ प्रभु सेवक का भव्य स्वागत होता है। इस सभा में प्रभु सेवक का भाषण होता है जिसमें वह सरकार की आलोचना करते हुए कहता है :

हमारा देश राजनीति शून्य है। परवशता और आज्ञाकारिता में सीमाओं का अन्तर है।

प्रभु सेवक के भाषण से उत्तेजित होकर कोई 'यूरोपियन' उस पर गोली चला देता है, पर वह बच जाता है।

'रंगभूमि' की कथा को देखते हुए यह प्रसंग अस्वाभाविक, कृत्रिम और असंगत प्रतीत होता है। प्रेमचन्द ने 'सेवा समिति' पर तत्कालीन राष्ट्रीय कांग्रेस की गतिविधियों को आरोपित करने का प्रयास किया है। यद्यपि कलात्मक दृष्टि से इसमें उन्हें सफलता नहीं मिली है, पर इससे उनकी मंशा का पता तो चल ही जाता है।

'रंगभूमि' की मुख्य कथा सूरदास को केन्द्र बनाकर चलती है। सूरदास के पास लगभग दस बीघा मौरूसी जमीन और एक झोंपड़ी है। पर वह स्वयं भीख माँगकर जीवनयापन करता है और उसकी जमीन मवेशियों के चरागाह और अन्य सार्वजनिक उपयोग में आती है। उपन्यास का एक दूसरा पात्र पूँजीपति जान सेवक इस जमीन पर सिगरेट का कारखाना लगाना चाहता है। सूरदास अपनी जमीन बेचने को तैयार नहीं होता। जान सेवक सरकार की सहायता लेकर सूरदास की जमीन नाममांत्र के मुआवजे पर अधिग्रहण करा लेता है और वहाँ कारखाना बन जाता है। फिर मजदूरों की बस्ती बनाने के लिए पूरा पांडेपुर, जिसमें सूरदास की झोंपड़ी भी है, खाली करा लिया जाता है।

पर सूरदास अपनी जमीन और झोंपड़ी यों ही नहीं छोड़ देता। इसके लिए वह घोर संघर्ष करता है और जीते-जी अपनी जमीन नहीं छोड़ता। प्रेमचन्द ने इस संघर्ष को भारतीय जनता और ब्रिटिश सरकार के संघर्ष का रूप दे दिया है। सूरदास की संघर्ष गाथा भारतीय मुक्ति संग्राम की प्रतीक कथा बन गई है।

सूरदास की संघर्ष कथा द्वारा प्रेमचन्द ने भारत में ब्रिटिश साम्राज्य के सही स्वरूप को बेनकाब करने का प्रयास किया है। भारत पर ब्रिटेन का आधिपत्य प्राचीन और मध्यकालीन साम्राज्यवाद की तरह शुद्ध राजनीतिक नहीं था। ब्रिटिश साम्राज्यवाद मध्यकालीन सामन्ती साम्राज्यवाद न होकर आधुनिक पूँजीवादी साम्राज्यवाद था जिसका एकमात्र उद्देश्य भारत का आर्थिक शोषण था। इस शोषण के लिए आवश्यक था कि ब्रिटिश सरकार भारत के अवशिष्ट जर्जर सामन्त वर्ग, उभरते हुए पूँजीपति वर्ग और नव शिक्षित मध्यवर्ग को अपना सहायक बनाए। इनके सामने कुछ हड्डी के टुकड़े फेंककर और उनकी पीठ थपथपाकर ही भारत की विशाल प्राकृतिक सम्पदा, बाजार और जनश्रम का शोषण किया जा सकता

था। प्रेमचन्द ने भारतीय जीवन के इस यथार्थ को बहुत अच्छी तरह समझा था और इसे ही अपने उपन्यासों का प्रमुख विषय बनाया। 'रंगभूमि' में प्रेमचन्द ने ब्रिटिश सरकार और छोटे सामन्तों की सहायता से उभरते हुए भारतीय पूँजीवाद और उसके द्वारा भारतीय आम जनता के शोषण का चित्र प्रस्तुत किया। जनता इस शोषण का विरोध करती है, पर इस संघर्ष में उसकी पराजय होती है, जो सर्वथा स्वाभाविक है।

जैसा हम जानते हैं, पूँजीवाद वैज्ञानिक औद्योगीकरण की खाल ओढ़कर जनता के बीच आता है और उसका शिकार करता है। महात्मा गांधी उसके इस शिकारी रूप से अवगत थे, जैसे प्रसिद्ध रूप उपन्यासकार तोल्स्तोय, और उन्होंने तोल्स्तोय की तरह ही बड़े पैमाने पर होनेवाले वैज्ञानिक औद्योगीकरण का विरोध किया था। उनके सामने पूँजीवादी औद्योगीकरण की बुराइयाँ, जैसे मजदूरों का आर्थिक शोषण, गाँवों का विनाश, कृषि का ह्रास, नैतिक मूल्यों का विघटन आदि, बिलकुल स्पष्ट थीं। इस कारण गांधी जी ने वैज्ञानिक औद्योगीकरण मात्र का विरोध किया था। 'रंगभूमि' में प्रेमचन्द पर गांधी जी का या कदाचित तोल्स्तोय का, यह प्रभाव दृष्टिगोचर होता है। 'रंगभूमि' का सूरदास औद्योगीकरण के विरोध में जो तर्क देता है और जिसके खिलाफ संघर्ष करता है वह गांधी जी और तोल्स्तोय के विचारों के बिलकुल अनुरूप है। यह उल्लेखनीय है कि पूँजीवादी औद्योगीकरण का मूल उद्देश्य जनहित नहीं, नफा होता है, इस कारण वह जनविरोधी और मानवीय मूल्यों का ध्वंसक हो जाता है। 'रंगभूमि' का जान सेवक कृषि विकास में योग देनेवाले यंत्रों या बिजली का कारखाना नहीं खोलता, वह सिगरेट का कारखाना खोलता है। पूँजीवाद ऐसे ही उद्योगों को प्राथमिकता देता है जो अधिक-से-अधिक नफा दे सकें, चाहे उनसे जनता का कितना भी अहित क्यों न हो। प्रेमचन्द ने गांधी जी और तोल्स्तोय के प्रभाव में इस सच्चाई को सही रूप में नहीं देखा और अपने पात्रों से औद्योगीकरण मात्र का विरोध करा दिया। यह प्रेमचन्द के युग का अन्तर्विरोध है, जिसके वे सहज ही शिकार हो गए हैं।

जान सेवक पहले तो सूरदास को पैसे से खरीदना चाहता है, पर जब सफल नहीं होता तो सरकारी तंत्र की सहायता लेता है। अँगरेज कमिश्नर और जिलाधीश

तो उसके पक्ष में हैं ही, पर वे बदनामी न लेने के लिए यह काम नगरपालिका के अध्यक्ष राजा महेन्द्र कुमार से कराना चाहते हैं जो उनके इशारों पर काम करता है। जान सेवक कुँवर भरत सिंह और राजा महेन्द्र कुमार से भी साँठ-गाँठ कर लेता है। सोफिया के चलते वह न केवल इन सामन्ती परिवारों के निकट सम्पर्क में आ जाता है, वरन कुँवर भरत सिंह को अपने कारखाने का शेयर बेचने में भी सफल हो जाता है। सूरदास की अनिच्छा और विरोध के बावजूद उसकी जमीन निकल जाती है। पर जल्दी ही सोफिया के प्रयास से, जो व्यक्तिगत कारणों से सूरदास की समर्थक है, कलक्टर क्लार्क उस आदेश को रद्द कर देता है। क्लार्क का यह आदेश सरकारी नीति के विरोध में है। उसने सोफिया के प्रेम में अन्धा बनकर यह फैसला किया है, जिसका दंड उसे भुगतना पड़ता है। उसके खिलाफ जान सेवक, कुँवर भरत सिंह, राजा महेन्द्र कुमार, डॉ. गांगुली, रानी जाह्नवी, सभी मोर्चाबन्दी कर लेते हैं, जिसके फलस्वरूप सरकार क्लार्क का तबादला कर देती है और उसका दूसरा आदेश रद्द कर सूरदास की जमीन अधिग्रहण कर ली जाती है। प्रेमचन्द ने इस प्रसंग द्वारा पूँजीवाद, सामन्तवाद और साम्राज्यवाद के गठबन्धन को बेनकाब कर दिया है।

यह स्पष्ट है कि

> क्लार्क का सूरदास के पक्ष में फैसला सरकारी नीति के प्रतिकूल है। जान सेवक द्वारा उसका विरोध सर्वथा स्वाभाविक है, पर राजा महेन्द्र कुमार, कुँवर भरत सिंह, डॉ. गांगुली आदि क्यों इस फैसले का विरोध करते हैं, यह विचारणीय है। राजा महेन्द्र कुमार की हिम्मत तो क्लार्क से लोहा लेने की नहीं है, पर इन्दु का सामन्ती अहं उन्हें शक्ति प्रदान करता है। इन्दु अपनी सामन्ती मर्यादा की रक्षा के लिए किसी भी हद तक जाने को तत्पर है, चाहे उसके लिए न्याय के सिद्धान्तों की बलि ही क्यों न देनी पड़े। (पृ. 226)

वह राजा महेन्द्र कुमार को गवर्नर के यहाँ क्लार्क के आदेश के विरुद्ध अपील करने की सलाह देती है और अँगरेजों के प्रति अपने पूर्वजों द्वारा किए गए अहसानों

की याद दिलाकर अपनी 'मर्यादा' की रक्षा के लिए गुहार लगाती है। सामन्ती अहं अथवा तथाकथित सामन्ती 'मर्यादा' की रक्षा के लिए पूरा सामन्ती और बुर्जुआ समाज एकजुट हो जाता है। इस 'मर्यादा' रक्षा के सामने गरीबों के प्रति दया और न्याय और देशभक्ति की सारी भावना दब जाती है। क्लार्क के फैसले के विरुद्ध हस्ताक्षर अभियान चलाया जाता है। यद्यपि इस अभियान में डॉ. गांगुली को पूरी सफलता नहीं मिलती क्योंकि शहर के रईस अँगरेज कलक्टर को अपना विरोधी बनाना नहीं चाहते, फिर भी कम्पनी के शेयरदारों और कुछ अन्य लोगों के हस्ताक्षर के बल पर वे व्यवस्थापिका सभा में इस विषय पर प्रश्न उठाने में सफल हो जाते हैं। सरकार प्रत्यक्ष रूप से क्लार्क को दंडित करने के प्रस्ताव को स्वीकार नहीं करती, क्योंकि इससे हिन्दुस्तानियों का हौसला बढ़ने का खतरा है। पर सरकार समझती है कि क्लार्क का फैसला सरकारी नीति के अनुरूप नहीं है। ब्रिटिश सरकार भारतीय सामन्तों और पूँजीपतियों को मिलाए रखना चाहती थी। अत: गवर्नर क्लार्क से पूछकर ही उसे 'सजा' देता है और वह पोलिटिकल एजेंट बनाकर राजस्थान भेज दिया जाता है।

इस प्रसंग द्वारा प्रेमचन्द ने सामन्ती समाज के मानवता प्रेम, देशभक्ति, समाज सेवा आदि के खोखलेपन का पर्दाफाश किया है। यह वर्ग वहीं तक समाज सेवा और देश प्रेम का राग अलापता है जहाँ तक उसके हितों और अहं से वह टकराता नहीं। ज्यों ही यह टकराहट होती है, यह वर्ग नंगा हो जाता है। कुँवर भरत सिंह वैसे देशभक्त और अँगरेजों के विरोधी हैं, पर जब उनके हितों पर आघात होता है—वे जान सेवक की मिल के एक बड़ शेयरदार हैं—तो सरकार की शरण में जाने में उन्हें कोई संकोच नहीं होता। डॉ. गांगुली तो बुर्जुवा समाज के नेता हैं ही, अत: उसके हितों की रक्षा के लिए उनका लड़ना सर्वथा स्वाभाविक है।

आम जनता के ब्रिटिश सरकार, पूँजीपतियों और सामन्तों की सम्मिलित शक्ति के साथ संघर्ष की कहानी सूरदास की जमीन छिन जाने के बाद आरम्भ होती है। सरकार सूरदास को केवल एक हजार रुपया मुआवजा देने का फैसला करती है जबकि जान सेवक स्वयं उसके लिए पाँच हजार देने को तैयार था। सूरदास इस फैसले का विरोध मुआवजे की रकम लेने से इनकार करके करता

है। प्रभु सेवक सरकार की निरंकुशता और शोषण का पर्दाफाश करते हुए सूरदास से कहता है :

> रुपये न लोगे, तो जप्त हो जाएँगे। यहाँ तो सरकार इसी ताक में रहती है कि किसी तरह प्रजा का धन उड़ा लें। कुछ टैक्स के बहाने से, कुछ रोजगार के बहाने से, कुछ किसी बहाने से हजम कर लेती है। (पृ. 365)

जब सूरदास न्याय की दुहाई देता है तो प्रभु सेवक कहता है :

> सरकार यहाँ न्याय करने नहीं आई है भाई, राज्य करने आई है। न्याय करने से उसे कुछ मिलता है। कोई समय वह था, जब न्याय को राज्य की बुनियाद समझा जाता था। अब वह जमाना नहीं है। अब व्यापार का राज्य है, और जो इस राज्य को स्वीकार न करे, उसके लिए तारों का निशाना मारनेवाली तोपें हैं। (पृ. 365)

प्रभु सेवक के कथन में ब्रिटिश सरकार की शोषण नीति की कैसी कटु पर यथार्थ और ईमानदारी से भरी हुई आलोचना है, इसे कहने की आवश्यकता नहीं।

सूरदास की जमीन ले लेने के बाद मजदूरों की बस्ती के लिए पांडेपुर को खाली कराने का प्रश्न आता है और सरकार का फैसला जान सेवक के पक्ष में जाता है। समस्त पांडेपुर गाँव अधिग्रहण कर लिया जाता है। न तो ग्रामीणों को समुचित मुआवजा दिया जाता है, न उन्हें कहीं बसाने की व्यवस्था की जाती है। बस, उन्हें एक निश्चित समय के भीतर गाँव छोड़ देने का हुक्म दे दिया जाता है। अन्य ग्रामवासी तो रो-गाकर इस फैसले को मान लेते हैं, पर सूरदास इसका विरोध करता है। वह जीते-जी अपनी झोंपड़ी न छोड़ने का निश्चय व्यक्त करता है :

> जब तक कोई न बोलेगा, पड़ा रहूँगा। कोई हाथ पकड़कर निकाल देगा, बाहर जा बैठूँगा। वहाँ से उठा देगा, फिर आ बैठूँगा। जहाँ जन्म लिया है, वहीं मरूँगा। अपना झोंपड़ा जीते-जी न छोड़ा जाएगा। मरने

> पर जो चाहे ले ले। बाप-दादों की जमीन खो दी, अब इतनी निसानी रह गई है, इसे न छोड़ूँगा। इसके साथ आप भी मर जाऊँगा। (पृ. 464)

वह आगे कहता है :

> सरकार के हाथ में मारने का बल है, हमारे हाथ में और कोई बल नहीं है तो मर जाने का बल तो है। (पृ. 464)

सूरदास के इस कथन में गांधी जी के सिद्धान्तों, जैसे अहिंसा और सत्याग्रह, की स्पष्ट झलक मिलती है।

पांडेपुर को खाली कराने के लिए जान सेवक पुलिस की सहायता लेता है। पुलिस बड़ी निर्दयता से घरों से सामान निकालकर बाहर फेंकती है, लूटपाट करती है और विरोध करने पर डंडे बरसाती है। प्रेमचन्द ने इस प्रसंग द्वारा ब्रिटिश राज्य की पुलिस के अमानवीय व्यवहार का यथार्थ चित्र प्रस्तुत किया है। यहाँ तक कि शान्ति और व्यवस्था के नाम पर सशस्त्र पुलिस की टुकड़ी भी बुला ली जाती है। मामले को सुलझाने तथा अपनी बदनामी को रोकने के लिए राजा महेन्द्र कुमार अपनी ओर से मुआवजा बाँटते हैं, पर सूरदास अपनी झोंपड़ी का मुआवजा लेने को तैयार नहीं होता। यहाँ तक कि इन्द्रदत्त द्वारा कानून की बात कहने पर उत्तर देता है :

> होगा कानून...इस तरह जबरदस्ती करने के लिए जो कानून चाहे बना लो। यहाँ कोई सरकार का हाथ पकड़नेवाला तो है नहीं। उसके सलाहकार भी तो सेठ महाजन ही हैं। (पृ. 475)

इस कथन की अन्तिम पंक्ति तत्कालीन राजनीतिक और आर्थिक यथार्थ को नंगा कर देती है।

अन्ततः सूरदास की झोंपड़ी गिरा देने का आदेश होता है। पुलिस झोंपड़ी गिराने के लिए आगे बढ़ती है। पर उसके पीछे जनसमूह भी चलता है जिसके तेवर चढ़े हुए हैं। जनसमूह को रोकने के लिए गली के द्वार पर सिपाही संगीनें चढ़ाए तैनात हैं। ऐसे अवसरों पर जैसा होता है, भीड़ पत्थर फेंकना आरम्भ करती है जिसका

जवाब पुलिस गोलियों से देती है। कई आदमियों सहित सेवा समिति का एक प्रमुख कार्यकर्ता इन्द्रदत्त शहीद हो जाता है। इसी समय विनय वहाँ पहुँचता है। सुपरिंटेंडेंट पुनः फायर का हुक्म देता है। पर इस बार पुलिस के जवान उसकी आज्ञा नहीं मानते। (पृ. 478) हवलदार कोर्ट मार्शल के लिए तैयार हो जाता है। उनके पीछे जनसमूह जय-जयकार करते हुए आगे बढ़ता है। राजा महेन्द्र कुमार और पुलिस सुपरिंटेंडेंट ब्राउन दोनों स्तम्भित हैं :

> उनकी आँखों के सामने एक ऐसी घटना हो रही थी जो पुलिस के इतिहास में एक नूतन युग की सूचना दे रही थी, जो परम्परा के विरुद्ध, मानव प्रकृति के विरुद्ध, नीति के विरुद्ध थी। सरकार के वे पुराने सेवक, जिनमें से कितनों ही ने अपने जीवन का अधिकांश प्रजा का दमन करने में ही व्यतीत किया था, यों बढ़ते हुए चले जाएँ। (पृ. 479)

प्रेमचन्द द्वारा कल्पित इस प्रसंग पर तनिक रुककर विचार कर लेना अपेक्षित है। भारतीय स्वाधीनता संग्राम के इतिहास में ठीक ऐसी ही घटना 23 अप्रैल, 1930 को पेशावर में घटी जबकि 18वीं रायल गोरखा राइफल्स की दूसरी बटालियन की दो टुकड़ियों ने अपने अफसर के आदेश के बावजूद निहत्थे प्रदर्शनकारियों पर गोली चलाने से इनकार कर दिया था।[2] यह भी रोचक तथ्य है कि इसके लिए गांधी जी ने सिपाहियों की ही निन्दा की थी। पर उक्त प्रसंग में प्रेमचन्द का गोली चलाने के आदेश को न माननेवाले सिपाहियों के प्रति प्रशंसा का भाव झलकता है। यह उल्लेखनीय है कि जो घटना इतिहास में 1930 में घटी उसकी हू-ब-हू कल्पना प्रेमचन्द ने उसके चार-पाँच वर्ष पूर्व कर ली थी और उसके सम्बन्ध में गांधी जी की तुलना में ज्यादा सही दृष्टिकोण का परिचय दिया था। प्रेमचन्द अहिंसा के मार्ग का त्याग नहीं करते, क्योंकि 'रंगभूमि' के विद्रोही सिपाही आत्मसमर्पण कर देते हैं। विनय भी सलाह देता है :

> उनसे कहना कि भागें नहीं, जो कुछ किया है, उसका यश लेने से न डरें। (पृ. 479)

पुलिस की गोलियों से शहीद हुए लोगों की शवयात्रा के वर्णन द्वारा भी प्रेमचन्द ने स्वाधीनता संग्राम के एक पहलू का सजीव अंकन किया है :

> अर्थियों के पीछे कोई दस हजार आदमी, नंगे पाँव, सिर झुकाए, चले जाते थे। पग-पग पर समूह बढ़ता जाता था, चारों ओर से लोग दौड़े चले जाते थे। लेकिन किसी के मुख पर शोक या वेदना का चिह्न न न था, न किसी की आँख में आँसू थे, न किसी के कंठ से आर्तनाद की ध्वनि निकलती थी। इसके प्रतिकूल लोगों के हृदय गर्व से फूले हुए थे, आँखों में स्वदेशाभिमान का मद भरा हुआ था। यदि इस समय रास्ते में तोपें चढ़ा दी जातीं, तो भी जनता के कदम पीछे न हटते। न कहीं शोक ध्वनि थी, न विजयनाद था, अलौकिक निस्तब्धता थी, भावमयी, प्रवाहमयी, उल्लासमयी। (पृ. 490)

आजादी की लड़ाई के दौरान भारतीय जनता के मूक क्रोध, स्वाभिमान, दृढ़ निश्चय और अहिंसा में आस्था की कैंसी शक्त अभिव्यक्ति इन पंक्तियों में हुई है।

इन्द्रदत्त की अर्थी के गंगा तट पर पहुँचने पर उपन्यासकार गंगा को सम्बोधित करते हुए कहता है :

> ...आज तुम्हारी गोद में वे लोग आ रहे हैं, जो निष्काम थे, जिन्होंने पवित्र विशुद्ध न्याय की रक्षा के लिए अपने को बलिदान कर दिया। और, ऐसा मंगलमय शोक समाज भी तुमने देखा है जिसका एक-एक अंग मातृ प्रेम, स्वजाति प्रेम और वीरभक्ति से परिपूर्ण है। (पृ. 481)

शवयात्रा से वापस लौटते हुए लोगों का वर्णन उपन्यासकार निम्न शब्दों में करता है :

> ...महिलाएँ वीरगान करती हुई चली जाती थीं। रानी जाह्नवी आगे-आगे थीं, सोफी, इन्दु और कई अन्य महिलाएँ पीछे। उनकी वीररस में डूबी हुई मधुर संगीत ध्वनि प्रभात की आलोक रश्मियों पर नृत्य कर रही थी, जैसे हृदय की तंत्रियों पर अनुराग नृत्य करता है। (पृ. 481)

इन पंक्तियों में उपन्यासकार का देशानुराग उफनाता-सा दीखता है।

पुलिस के दमन के बाद सरकार के विरुद्ध जनता का संघर्ष और भी व्यापक और तेज हो जाता है। पांडेपुर के खाली मकानों को गिराने के लिए मजदूर दुगुनी-तिगुनी मजदूरी पर भी तैयार नहीं होते। (पृ. 487) बाहर से मजदूर बुलाए जाते हैं, पर वे भी स्थिति देखकर लौट जाते हैं। अधिकारी सरकारी बर्कन्दाजों और तहसील के चपरासियों से यह काम कराना चाहते हैं तो 'उनके सामने सैकड़ों युवक, जिनमें कितने ही ऊँचे कुलों के थे, हाथ बाँधकर खड़े हो जाते हैं।' इस सत्याग्रह का नेतृत्व विनय और सेवा समिति के सदस्य करते हैं।

महात्मा गांधी द्वारा प्रस्तावित असहयोग, सत्याग्रह और सविनय अवज्ञा आन्दोलन का यह चित्रण प्रेमचन्द की राजनीतिक प्रतिबद्धता का प्रमाण है।

सरकार विनय को दंडित करने में तनिक भी विलम्ब नहीं करती। वह अपनी रियासत के उत्तराधिकार से वंचित कर दिया जाता है, पर विनय अपने पिता के अनुरोध पर भी स्वयं को सेवक दल से पृथक नहीं करता। (पृ. 485) उधर पांडेपुर में भी दमन चक्र तेज हो जाता है। पुलिस की सहायता के लिए गोरखों की रेजिमेंट बुलाई जाती है। पुलिस सेवक दल के सदस्यों की गिरफ्तारी शुरू कर देती है। सूरदास की झोंपड़ी काँटेदार तारों से घेर दी जाती है ताकि वहाँ कोई पहुँच न सके। लगभग दो महीने तक जनता और पुलिस का संघर्ष चलता रहता है। स्वयंसेवकों की पकड़-धकड़ से सन्तुष्ट न होकर पुलिस उन्हें शारीरिक कष्ट देना आरम्भ करती है, उनका अपमान करती है और अपने अमानुषिक कृत्यों से उन्हें भयभीत करने का प्रयास करती है। पर सूरदास पर बन्दूक चलाने या उसके झोंपड़े में आग लगाने की उन्हें हिम्मत नहीं पड़ती। (पृ. 490) हजारों नगरवासी रोज वहाँ पहुँच जाते हैं। आत्म समर्पण की हवा-सी चल पड़ी है। सरकार नगरवासियों को पांडेपुर न जाने के लिए चेतावनी देती है। आन्दोलन के दमन के लिए क्लार्क को राजपूताने से बुलाया जाता है।

'रंगभूमि' में रणभूमि बने पांडेपुर का बड़ा रोमांचक वर्णन किया गया :

> **गिरे हुए मकानों की जगह सैकड़ों छोलदारियाँ खड़ी हैं और उनके चारों ओर गोरखे खड़े चक्कर लगा रहे हैं। किसी की गति नहीं है कि अन्दर प्रवेश कर सके। हजारों आदमी आसपास खड़े हैं, मानो**

> किसी विशाल अभिनय को देखने के लिए दर्शकगण वृत्ताकार खड़े हों। मध्य में सूरदास का झोंपड़ा रंगमंच के समान स्थिर था। सूरदास झोंपड़े के सामने लाठी लिये खड़ा था, मानो सूत्रधार नाटक का प्रारम्भ करने को खड़ा है। सेवक दल के युवक झोंपड़े के सामने रातोंरात ही पहुँच गए थे। (पृ. 492)

इसी बीच जान सेवक पांडेपुर पहुँचता है। जनता उस पर टूट पड़ती है। उसकी रक्षा के लिए पुलिस अधिकारी गोरखों की एक टुकड़ी भेजता है। सूरदास रक्तपात रोकने के लिए भैरो के कन्धे पर सवार होकर जनता से अपने-अपने घर चले जाने का अनुरोध करता है। वह कहता है :

> आप लोग वास्तव में मेरी सहायता करने नहीं आए, मुझसे दुसमनी करने आए हैं। हाकिमों के मन में, फौज के मन में, पुलिस के मन में जो दया और धरम का खयाल आता, उसे आपलोगों ने जमा होकर क्रोध बना दिया है। मैं हाकिमों को दिखा देता कि एक दीन, अन्धा आदमी एक फौज को कैसे पीछे हटा देता है, तोप का मुँह कैसे बन्द कर देता है, तलवार की धार कैसे मोड़ देता है। मैं धरम के बल से लड़ना चाहता था...पर सूरदास इससे ज्यादा बोल नहीं पाता। क्लार्क की गोली उसकी जबान बन्द कर देती है। (पृ. 496)

सूरदास के उपर्युक्त सम्बोधन में गांधी जी का स्वर अत्यन्त स्पष्ट है, पर क्लार्क की एक ही गोली इसकी व्यर्थता और खोखलेपन को बेनकाब कर देती है। यह प्रसंग गांधीवादी विचारधारा पर गहरा और तीखा व्यंग्य है। इससे जान पड़ता है कि गांधी जी से प्रभावित होते हुए भी प्रेमचन्द उनके सिद्धान्तों की असंगतियों से अनभिज्ञ नहीं थे। क्लार्क कहता है :

> जब तक यह आत्मा जीवित रहेगी, अंगों की गति बन्द न होगी। इसलिए आत्मा ही का नाश कर देना आवश्यक है। उद्गम को बन्द कर दो, जल प्रवाह बन्द हो जाएगा। (पृ. 496)

और इसके लिए पिस्तौल की एक गोली पर्याप्त है। गांधी जी के बारे में भी तत्कालीन ब्रिटिश सरकार ऐसा नहीं सोचती होगी, यह नहीं कहा जा सकता। पर सरकार ऐसा करने से इसलिए डरती थी कि कहीं गांधी जी की हत्या से व्यापक हिंसक विद्रोह न भड़क जाए। यह भी अहिंसा पर हिंसा की ही विजय है।

वस्तुतः सूरदास के प्रसंग में ऐसा ही होता भी है। सूरदास को गोली लगते ही जनता नैराश्य और क्रोध से पागल हो जाती है। सेवक दल जनता को शान्त करने का प्रयास करता है, पर कोई असर नहीं होता। भीड़ गोरखे सिपाहियों पर आक्रमण करने के लिए ईंट-पत्थर जमा करने लगती है। जाहिर है कि इसका अन्त भीषण रक्तपात में होता। पर तभी विनय के आत्मबलिदान से शोक का वातावरण छा जाता है और भीड़ शान्त हो जाती है।

यद्यपि विनय अपने आहत स्वाभिमान की रक्षा के लिए आत्महत्या करता है, पर उसका बलिदान व्यर्थ नहीं जाता। जान सेवक ठीक ही कहता है :

> उनके आत्म-समर्पण ने सैकड़ों की जान बचा दी, नहीं तो जनता आग कूदने को तैयार थी। (पृ. 511)

विनय की मृत्यु पर रोते युवकों को सम्बोधित करती हुई रानी जाह्नवी कहती हैं :

> जाओ, और विनय की भाँति प्राण देना सीखो। दुनिया केवल पेट पालने की जगह नहीं है। देश की आँखें तुम्हारी ओर लगी हुई हैं, तुम्हीं इसका बेड़ा पार लगाओगे। मत फँसो गृहस्थी के जंजाल में, जब तक देश का कुछ हित न कर लो। (पृ. 502)

विनय सिंह की मृत्यु को उपन्यासकार ने एक स्वाधीनता सेनानी की मृत्यु के रूप में चित्रित किया है। उसकी शवयात्रा का वर्णन द्रष्टव्य है :

> हजारों आदमियों का जमघट, गलियाँ तंग और कीचड़ से भरी हुई, पग-पग पर फूलों की वर्षा, सेवक दल का राष्ट्रीय संगीत।... (पृ. 504)

विनय के बलिदान स्थल का वर्णन कथाकार निम्नलिखित शब्दों में करता है :

> यह स्थान अब मुसलमानों का शहीदगाह और हिन्दुओं की तपोभूमि के सदृश हो गया था। जहाँ विनय सिंह ने अपनी जीवन-लीला समाप्त की थी, वहाँ लोग आते, तो पैरों से जूते उतार देते। कुछ भक्तों ने वहाँ पत्र-पुष्प भी चढ़ा रखे थे। (पृ. 515)

इस वर्णन पर उस प्रसिद्ध शेर का प्रभाव दीखता है :

शहीदों के मजारों पर लगेंगे हर बरस मेले...

अपने हक की इस लड़ाई में सूरदास की भी मृत्यु होती है। उसकी मृत्यु पर डॉ. गांगुली अपने उदगार इन शब्दों में व्यक्त करते हैं :

> ...सूरदास अभी नहीं मरेगा, बहुत दिनों तक नहीं मरेगा। हम सब मर जाएगा, कोई कल, कोई परसों, पर सूरदास तो अमर हो गया, उसने तो काल को जीत लिया। अभी तक उसका जीवन पंचभूतों के संस्कार से सीमित था। अब वह प्रसारित होगा, समस्त प्रान्त को, समस्त देश को जागृति प्रदान करेगा, हमें कर्मण्यता का, वीरता का आदर्श बताएगा।

इन शब्दों में आजादी की लड़ाई में शहीद होनेवालों के प्रति कथाकार के भावोद्गार भी मिले हुए हैं। सूरदास की भी शवयात्रा निकलती है। उस शवयात्रा में कथाकार सोफिया, डॉ. गांगुली, रानी जाह्नवी, कुँवर भरत सिंह, नायक राम, भैरो, जान सेवक, महेन्द्र कुमार आदि के साथ-साथ मि. क्लार्क को भी शामिल दिखाता है। यद्यपि मि. क्लार्क का इस जुलूस में शामिल होना असंगत है, पर इससे कथाकार की सूरदास के प्रति भावना का पता चलता है। विनय सिंह की शवयात्रा से सूरदास की शवयात्रा की तुलना करते हुए कथाकार कहता है :

> ...अन्तर केवल इतना था कि उस दिन लोगों के हृदय शोक से व्यथित थे, आज विजय गर्व से परिपूर्ण, वह एक वीरात्मा की वीर मृत्यु थी, यह एक खिलाड़ी की अन्तिम लीला। (पृ. 523)

उसकी मृत्यु पर क्लार्क राजा महेन्द्र कुमार से कहता है :

> हमें आज जैसे मनुष्यों से भय नहीं, भय ऐसे ही मनुष्यों से है, जो जनता के हृदय पर शासन कर सकते हैं। यह राज्य करने का प्रायश्चित्त है कि इस देश में हम ऐसे आदमियों का वध करते हैं, जिन्हें इंगलैंड में हम देवतुल्य समझते। (पृ. 523)

सूरदास की मृत्यु के बाद उसकी प्रतिमा की स्थापना के लिए आन्दोलन आरम्भ होता है। राजा महेन्द्र कुमार जी जान से इस आन्दोलन को विफल बनाने का प्रयास करते हैं। पर इन्दु और सोफिया मिलकर चन्दा एकत्र करने में लगी हैं।

> धड़ाधड़ चन्दे वसूल होने लगे। एक महीने में एक लाख से अधिक वसूल हो गया।...वह दोनों रमणियों के सदुद्योग का ही चमत्कार था, नहीं, शहीदों की वीरता की विभूति थी, जिनकी याद में अब भी लोग रोया करते थे। लोग स्वयं आकर देते थे, अपनी हैसियत से ज्यादा। (पृ. 535)

राजा साहब का विरोध विफल होता है। खूब धूमधाम से सूरदास की प्रतिमा स्थापित की जाती है :

> ...शुभ्र ज्योत्स्ना में सूरदास की मूर्ति एक हाथ से लाठी टेकती हुई और दूसरा हाथ किसी अदृश्य दाता के सामने फैलाए खड़ी थी—वही दुर्बल शरीर था, हँसलियाँ निकली हुईं, कमर टेढ़ी, मुख पर दीनता और सरलता छाई हुई, साक्षात सूरदास मालूम होता था। बस, ऐसा मालूम होता था मानो कोई स्वर्ग लोक का भिक्षुक देवताओं से संसार के कल्याण का वरदान माँग रहा है। (पृ. 536)

पता नहीं प्रेमचन्द ने इस स्वतंत्रता सेनानी का मॉडल कहाँ से लिया है, कदाचित महात्मा गांधी इसके आधार हों।

सूरदास के जीवन-दर्शन को कुछ लोग दार्शनिक या आध्यात्मिक क्षेत्र की चीज मानकर उसे उसी दृष्टि से महत्त्व देते हैं। पर ध्यान से देखने पर उसका भी देश की

स्वाधीनता की लड़ाई से गहरा सम्बन्ध लक्षित होता है। सूरदास का जीवन दर्शन यह है कि यह संसार एक रंगभूमि या 'खेल का मैदान' है और हमारा जीवन—एक 'खेल' या कर्म संघर्ष है। खेल में हार-जीत का महत्त्व उतना नहीं होता जितना अच्छी तरह से, 'खेल की भावना' के साथ, खेलने का महत्त्व होता है। जीवन संघर्ष को भी हमें खेल के रूप में ही देखना चाहिए। महत्त्व है कर्म का, उसके फल का नहीं। यह जीवन-दर्शन गीता के कर्मयोग से गृहीत है। यह ध्यान देने की बात है कि तत्कालीन राजनीतिक परिस्थितियों में यह जीवन-दर्शन सर्वाधिक समयानुकूल था। जिस समय 'रंगभूमि' लिखी जा रही थी उस समय देश में राजनीतिक पस्ती छाई हुई थी। चौरी चौरा की घटना के बाद गांधी जी द्वारा असहयोग आन्दोलन के वापस ले लिये जाने के बाद देश में राजनीतिक किंकर्तव्यविमूढ़ता की स्थिति थी। इस परिस्थिति में सूरदास के जीवन-दर्शन को परखने पर उसकी राजनीतिक उपयोगिता असन्दिग्ध हो जाती है। जीवन की अन्तिम साँसें गिनता हुआ सूरदास कहता है :

> ...तुम जीते, मैं हारा। यह बाजी तुम्हारे हाथ रही, मुझसे खेलते नहीं बना। तुम मँजे हुए खिलाड़ी हो, दम नहीं उखड़ता, खिलाड़ियों को मिला कर खेलते हो और तुम्हारा उत्साह भी खूब है। हमारा दम उखड़ जाता है, हाँफने लगते हैं और खिलाड़ियों को मिलाकर नहीं खेलते, आपस में झगड़ते हैं, गाली-गलौज, मार-पीट करते हैं, कोई किसी की नहीं सुनता।...हम हारे, तो क्या, मैदान से भागे तो नहीं, रोए तो नहीं, धाँधली तो नहीं की। फिर खेलेंगे, जरा दम ले लेने दो, हार-हारकर तुम्हीं से खेलना सीखेंगे और एक-न-एक दिन हमारी जीत होगी, जरूर होगी।

सूरदास के इस मरणोद्गार में देश की तत्कालीन राजनीति की बड़ी सटीक व्याख्या और उसके लिए सन्देश भी छिपा हुआ है। डॉ. गांगुली इस संकेत को समझते भी हैं। वे कहते हैं :

> बड़ी विशाल आत्मा है। हमारे सारे पारस्परिक सामाजिक, राजनीतिक जीवन की अत्यन्त सुन्दर विवेचना कर दी और थोड़े से शब्दों में।

'रंगभूमि' का अन्तिम परिच्छेद सूरदास के इस जीवन-दर्शन की पुष्टि करता है। विनय सिंह, सूरदास, सोफिया, इन्द्रदत्त आदि के बलिदान से स्वाधीनता संग्राम थोड़ी देर के लिए रुकता है। उसके बाद आजादी की लड़ाई की मशाल रानी जाह्नवी के हाथों में आ जाती है।

> वह पहले से कहीं ज्यादा क्रियाशील हो गईं। उनके रोम-रोम में असाधारण स्फूर्ति का विकास हुआ। वृद्धावस्था की आलस्यप्रियता यौवनकाल की कर्मण्यता में परिणत हो गई। कमर बाँधी और सेवक दल का संचालन अपने हाथ में ले लिया। रनिवास छोड़ दिया, कर्मक्षेत्र में उतर आईं और इतने जोश से काम करने लगीं कि सेवक दल को जो उन्नति कभी न प्राप्त हुई थी, वह अब हुई। धन का इतना बाहुल्य कभी न था, और न सेवकों की संख्या ही इतनी अधिक थी। उनकी सेवा का क्षेत्र भी इतना विस्तीर्ण न था। उनके पास निज का जितना धन था, वह सेवक दल को अर्पित कर दिया, यहाँ तक कि अपने लिए एक आभूषण भी न रखा। तपस्विनी का वेश धारण करके दिखा दिया कि अवसर पड़ने पर स्त्रियाँ कितनी कर्मशील हो सकती हैं। (पृ. 542)

इन्दु भी अपने सामन्ती पूर्वाग्रहों को त्यागकर स्वाधीनता संग्राम में शामिल हो जाती है। डॉ. गांगुली का भी मोहभंग होता है। वे कौंसिल में क्लार्क के विरुद्ध बहुत शोर मचाते हैं, पर वह अरण्यरोदन सिद्ध होता है। वे सरकार को क्लार्क का तिरस्कार करने तक के लिए मजबूर नहीं कर पाते। इसके प्रतिकूल क्लार्क की पदवृद्धि हो जाती है। इस प्रसंग पर पंजाब के गवर्नर माइकेल ओ डायर द्वारा किए गए जलियाँवाला बाग कांड और बाद में सरकार द्वारा उसकी निन्दा न किए जाने की घटना की स्पष्ट छाप है। सरकार के इस रुख पर डॉ. गांगुली कौंसिल में ही विद्रोह कर देते हैं। भरी सभा में गवर्नर को 'खूब खरी खोटी' सुनाते हैं और कहते हैं :

> ...आज मेरे दिल से यह विश्वास उठ गया, जो गत चालीस वर्षों से जमा हुआ था कि गवर्नमेंट हमारे ऊपर न्याय बल से शासन करना

> चाहती है। आज उस न्याय बल की कलई खुल गई, हमारी आँखों से पर्दा उठ गया और हम गवर्नमेंट को उसके नग्न आवरणहीन रूप में देख रहे हैं। अब हमें स्पष्ट दिखाई दे रहा है कि केवल हमको पीस कर तेल निकालने के लिए, हमारा अस्तित्व मिटाने के लिए, हमारी सभ्यता और हमारे मनुष्यत्व की हत्या करने के लिए, हमको अनन्त काल तक चक्की का बैल बनाए रखने के लिए हमारे ऊपर राज्य किया जा रहा है। अब तक जो कोई मुझसे ऐसी बातें कहता था, मैं उससे लड़ने पर तत्पर हो जाता था, मैं रिपन, ह्यूम और बेसेंट आदि की कीर्ति का उल्लेख करके उसे निरुत्तर करने की चेष्टा करता था। पर अब विदित हो गया कि उद्देश्य सबका एक ही है, केवल साधनों में अन्तर है।

यदि डॉ. गांगुली के इस विस्फोट की तुलना हम 8 मार्च, 1926 को एसेम्बली में मोतीलाल नेहरू द्वारा दिए गए वक्तव्य से करें तो उससे प्रेमचन्द की राजनीतिक समझ का पता चलता है। मोतीलाल नेहरू ने कहा था :

> अब हमारी यहाँ कोई जरूरत नहीं रह गई है। हम एक बार पुन: मतदाताओं से मताधिकार प्राप्त करने के लिए देश में जाएँगे। हम संघर्ष करना नहीं छोड़ेंगे... हम अनुभव करते हैं हमें इन नकली संस्थाओं की कोई आवश्यकता नहीं रह गई है, और राष्ट्र की प्रतिष्ठा और आत्मसम्मान की रक्षा करने के लिए हम जो कम से कम कर सकते हैं वह यह कि इनसे बाहर निकल जाएँ और कार्य करने के लिए देश में वापस लौटें। देश में हम उस जनसमर्थन की प्राप्ति का उपाय करेंगे केवल जिसके द्वारा ही कोई सरकार जनता की माँगों को स्वीकार करने के लिए बाध्य हो सकती है।[3]

जो अनुभव मोतीलाल नेहरू को 1926 ई. में हुआ उसे प्रेमचन्द 1924 में ही अनुभव कर चुके थे। डॉ. गांगुली का वक्तव्य इसका प्रमाण है। इतना ही नहीं

डॉ. गांगुली को इस बात का बोध भी हो जाता है कि आजादी की लड़ाई में दौलतवालों का भरोसा नहीं किया जा सकता। वे कहते हैं :

> ...वे तो अपनी सम्पत्ति का गुलाम हैं। वे कभी सत्य के समर में नहीं आ सकते। जो सिपाही सोने की ईंट गर्दन में बाँधकर लड़ने चले, वह कभी नहीं लड़ सकता। उसको तो अपने ईंट का चिन्ता लगा रहेगा। जब तक हमलोग ममता का परित्याग नहीं करेगा, हमारा उद्देश्य कभी पूरा नहीं होगा। अभी तक हमको कुछ भ्रम था, पर वह भी मिट गया कि सम्पत्तिशाली मनुष्य हमारा मदद करने के बदले उल्टा इसको नुकसान पहुँचाएगा। (पृ. 543)

इस किंचित सुदीर्घ विवेचन से यह निष्कर्ष निकलता है कि प्रेमचन्द की राजनीतिक समझ और राजनीतिक यथार्थ के विश्लेषण की क्षमता उस काल के अधिकांश नेताओं की तुलना में कहीं अधिक प्रखर थी। यही कारण है कि 'रंगभूमि' एक सफल राजनीतिक उपन्यास बन सका है।

उपन्यास में नायक की समस्या और 'रंगभूमि' का सूरदास

उपन्यास में 'नायक' के प्रश्न को लेकर अनेक प्रकार के मत प्रचलित हैं। पुराने श्रेण्य उपन्यासों में नायक प्रायः अपरिहार्य होता था और आज भी बहुत सारे आलोचक उपन्यास में नायक की स्थिति अनिवार्य मानते हैं। इसके विपरीत अनेक आलोचक उपन्यास में नायक की मृत्यु की घोषणा कर चुके हैं या उसे देशनिकाले की सजा सुना चुके हैं। बहुत पहले, 1848 में ही, विलियम मेकपीस थैकरे ने अपने प्रसिद्ध उपन्यास 'वैनिटी फेयर' का वैकल्पिक शीर्षक 'ए नावेल विदाउट ए हीरो' भी रखा था। तब से लेकर अब तक साहित्यिक गोष्ठियों में सैद्धान्तिक और व्यावहारिक रूप में नायक के विघटन की जोरदार चर्चा होती रही है। मनोवैज्ञानिक उपन्यासकारों ने नायक को मनोविश्लेषण का विषय बनाकर उसकी मूर्ति को खंडित करने का प्रयास किया है। तथाकथित 'आधुनिक' संवेदना के उपन्यासकारों ने नायक को भुनगे, कीड़े-मकोड़े या चूहे के स्तर पर पेश करने की कोशिश की है। 'लघु मानव' या 'आम आदमी' के हिमायती रचनाकारों ने नायक को उसके पुराने ऊँचे सिंहासन से उतारकर धूल-भरी जमीन पर नंगे पैर खड़ा करने का प्रयोग किया है। कुल मिलाकर आज उपन्यास में नायक की स्थिति बहुत साफ नहीं है।[1]

परस्पर विरोधी विचारों के बीच उपन्यास में नायक की स्थिति को सही ढंग से समझने के लिए साहित्य में नायक की परिकल्पना को ऐतिहासिक परिप्रेक्ष्य में देखना

अनिवार्य है। भारत में बहुत प्राचीन काल से, संस्कृत महाकाव्यों और नाटकों में, 'नायक' का शीर्ष स्थान रहता आया है। आदिकवि वाल्मीकि से लेकर मध्यकालीन कवि गोस्वामी तुलसीदास तक के संस्कृत-हिन्दी साहित्य में नायक अपने गौरवपूर्ण पद पर प्रतिष्ठित रहा है। इस बीच काव्यशास्त्रियों ने भी नायक को परिभाषित करने के अनेक प्रयास किए। धनंजय ने नायक की परिभाषा निम्नलिखित शब्दों में की—

नेता विनीतो मधुरस्त्यागी दक्षः प्रियंवद
रक्तलोकः शुचिः वाग्मी रूढ़वंशः स्थिरो युवा
बुद्धयुत्साह स्मृतिप्रज्ञा कलामान समन्वितः
शूरो दृढश्च तेजस्वी शास्त्रचक्षुश्च धार्मिकः।

धनंजय ने स्वभाव-भेद से नायक के चार प्रकार—शान्त, ललित, उदात्त और उद्धत मानते हुए धीरता का गुण चारों प्रकार के नायकों के लिए अनिवार्य बताया।[2] धनंजय की इस परिभाषा तथा प्राचीन श्रेण्य महाकाव्यों और नाटकों में चित्रित नायकों के अवलोकन से यह स्पष्ट है कि नायक मानव-चरित्र का आदर्श रूप हुआ करता था।

पाश्चात्य साहित्य में भी, प्राक् आधुनिक युगीन साहित्य में, नायक (हीरो) की लगभग यही स्थिति थी। होमर के महाकाव्यों के नायक अमानवीय शक्ति, साहस और क्षमता से युक्त, देवताओं के प्रिय, मनुष्य हैं। परवर्ती महाकाव्यों और नाटकों के नायक भी असाधारण—वीर, योद्धा, त्यागी, साहसी, देशभक्त, विवेकशील आदि श्रेष्ठ मानवीय गुणों के प्रतीक के रूप में प्रस्तुत किए गए हैं और अँगरेजी शब्दकोशों तथा आलोचना-ग्रन्थों में 'हीरो' की परिभाषा इन्हीं मानवेतर गुणों के सजीव विग्रह के रूप में की गई है।

'नायक' या 'हीरो' के सम्बन्ध में यह धारणा आधुनिक काल के पूर्व सारे संसार में लगभग समान रूप से प्रचलित रही। पर आधुनिक काल के आगमन के साथ ही नायक विषयक प्राचीन धारणा में गहरा परिवर्तन हो गया। आधुनिक काल में समाज का सामन्ती ढाँचा पहले ढीला हुआ और बाद में बिखर गया। यद्यपि संसार के भिन्न-भिन्न भागों में सामन्ती व्यवस्था के पतन की भिन्न-भिन्न अवस्थाएँ रहीं;

कहीं इसका विघटन जल्दी हुआ और कहीं बाद में, कहीं इसका स्थान पूँजीवाद ने लिया, कहीं साम्राज्यवाद ने और कहीं समाजवाद ने, पर देर-सबेर संसार के अधिकांश भागों से सामन्तवादी व्यवस्था का खात्मा हो गया। इसका असर नायक विषयक परिकल्पना पर स्वाभाविक रूप से पड़ा। सामन्ती व्यवस्था में राजा या सामन्त ही साहित्य का संरक्षक या पोषक था। अत: साहित्य में प्राय: वही नायक भी हुआ करता था। सामन्त ही समाज का नेता, आदर्श और प्रतिनिधि था और साहित्य में उसी की मूर्ति नाना रूपों में गढ़ी जाती थी। धनंजय ने नायक के जो गुण गिनाए हैं वे वस्तुत: एक आदर्श राजा या राजकुमार की चारित्रिक विशेषताएँ हैं। उस समय का साहित्य जनता के सुख-दुख का साहित्य नहीं, सामन्ती रुचि और संवेदना का साहित्य था; अत: साहित्य में नायक की परिकल्पना सामन्ती रुचि और संवेदना के अनुरूप ही होती थी।

आधुनिक काल के आगमन के साथ ही स्थितियाँ पूरी तरह से बदल गईं। प्रेस के आविष्कार और सर्वव्यापी शिक्षा के प्रसार ने साहित्यकार को एक विशाल पाठक समुदाय के रू-ब-रू खड़ा कर दिया। उसका पुराना मालिक, जो उसे जीविका, सम्मान और यश के लिए अवसर प्रदान करता था, समाप्त हो गया, मंच से हट गया और एक नया मालिक, जो पुराने स्वामी की तरह मूर्त व्यक्ति न होकर विभिन्न रुचियों वाला अमूर्त, अस्पष्ट और काफी दूर तक अज्ञात भी था, उसके सामने आया। प्रारम्भ में यह नया आश्रयदाता, अर्थात पाठक समुदाय, मुख्यत: मध्यवर्ग का था और आज भी कुछ समाजवादी देशों को छोड़कर, संसार में अधिकतर पाठक मध्यवर्गीय ही हैं।

उपन्यास का जन्म मध्यवर्ग के उदय और प्रसार के साथ, जो पूँजीवादी अर्थव्यवस्था की अनिवार्य देन है, हुआ। प्रसिद्ध दार्शनिक और विचारक हीगेल ने भी इस तथ्य को स्वीकार किया है। कोई भी पुराना साहित्य रूप इस नई मध्यवर्गीय संस्कृति को सही रूप में अभिव्यक्त करने में असमर्थ था। कविता और नाटक की अभिजात, सुसंस्कृत, क्लासिकी, छन्दोबद्ध भाषा इस वर्ग की आशा-आकांक्षा, संघर्ष, पीड़ा, सोच और मानसिकता को अभिव्यक्त करने में अक्षम थी। उधर प्रेस के आविष्कार ने गद्य के विकास के लिए अपूर्व अवसर प्रदान कर दिया। कुल

मिलाकर उपन्यास के जन्म के लिए उपयुक्त समाजशास्त्रीय पृष्ठभूमि निर्मित हो गई और पश्चिम में डीफो, फील्डिंग, रिचर्डसन न और सर्वेटीस आदि की कृतियों के साथ उपन्यास पैदा हो गया।

स्वाभाविक था कि उपन्यास में मध्यवर्गीय जीवन और संस्कृति की सम्पूर्ण अभिव्यक्ति के प्रयास होते। चूँकि उपन्यास 'कथा' का आधार लेकर चला अत: नायक के चुनाव का प्रश्न स्वाभाविक रूप से पैदा हुआ और उपन्यासकारों ने अपने नए आश्रयदाता मध्यवर्ग को अपनी कथा का नायक बनाने में किसी हिचक का अनुभव नहीं किया। चूँकि लेखक भी प्राय: मध्यवर्ग से आते हैं, अत: इस वर्ग से उनका रागात्मक सम्बन्ध स्वाभाविक है। परिणामस्वरूप वे प्रामाणिकता के साथ इस वर्ग से अपने उपन्यासों के नायकों का चुनाव करने में समर्थ हुए। धीरे-धीरे समाजवादी धारा का प्रसार हुआ और तब उपन्यास लेखकों ने निम्नवर्गीय जीवन को भी अपने उपन्यासों का विषय बनाना शुरू किया और आम आदमी भी अपनी सारी कमजोरियों और साधारणताओं के साथ उपन्यास का नायक बनने लगा। इसी बीच कुछ मनोवैज्ञानिक उपन्यासकारों ने असामान्य चरित्रवाले व्यक्तियों को अपने उपन्यासों का नायक बनाकर उनके मनोविश्लेषण का भी प्रयास किया।

हिन्दी में जब सार्थक रूप में उपन्यासों की रचना शुरू हुई तब तक पश्चिम में उपन्यास न केवल अपने विकास की कई मंजिलें पार कर चुका था वरन उसकी मृत्यु की घोषणा भी की जा चुकी थी। पर यह एक अलग सवाल है। बँगला तथा हिन्दी में जब उन्नीसवीं शताब्दी के उत्तरार्ध में उपन्यास रचना के प्रयास आरम्भ हुए तब मध्यवर्ग के व्यक्ति ही कथानायक के रूप में चित्रित हुए। यहाँ कहने की आवश्यकता नहीं कि इस समय तक भारत में मध्यवर्ग का उदय हो चुका था और आधुनिक शिक्षा तथा छापाखाने के विकास के फलस्वरूप एक लघु पाठकवर्ग भी, जो निश्चित रूप से मध्यवर्ग का अंग था, सामने आ चुका था।

यह आश्चर्य की बात है कि कथानायक के चुनाव में हिन्दी कथाकारों ने बिलकुल शुरू में ही मौलिक, क्रान्तिकारी दृष्टिकोण का परिचय दिया। प्राचीन प्रबन्ध काव्यों, नाटकों और गद्यकाव्यों में स्त्री को नायक का पद नहीं प्राप्त होता था। पर हिन्दी के पहले ही उपन्यास पं. गौरीदत्त कृत 'देवरानी जेठानी की कहानी'

(1870 ई.) में एक मध्यमवर्गीय नारी को प्रमुख पात्र बनने का सौभाग्य प्राप्त हुआ। हिन्दी के दूसरे उपन्यास 'भाग्यवती' (1877 ई.) में भी प्रमुख पात्र का स्थान स्त्री को ही मिला। बाद में प्रेमचन्द, जैनेन्द्र, अज्ञेय, यशपाल, भगवतीचरण वर्मा आदि अनेक उपन्यासकारों ने स्त्री को उपन्यास का प्रमुख पात्र बनाया, जो नायक विषयक अवधारणा को बदलने में सहायक हुआ।

हिन्दी के अन्य आरम्भिक उपन्यासकारों—जैसे लाला श्रीनिवासदास, बालकृष्ण भट्ट, अयोध्या सिंह उपाध्याय, भुवनेश्वर मिश्र, गोपाल राम गहमरी, मेहता लज्जाराम शर्मा आदि ने अपने कथानायक मध्यवर्ग से लिये। हिन्दी के प्रथम उल्लेखनीय उपन्यासकार प्रेमचन्द ने भी अपने कई उपन्यासों में प्रमुख पात्र के रूप में मध्यवर्गीय आदमी का चित्रण किया। प्रेमचन्द के परवर्ती उपन्यासकारों ने तो अधिकतर मध्यवर्ग से ही अपने नायक चुने हैं। जैनेन्द्र, यशपाल, भगवतीचरण वर्मा, अमृतलाल नागर आदि अनेक उपन्यासकारों ने मध्यवर्गीय पात्रों को नायक बनाने में विशेष रूप से पहल की है।

पर इस बात का श्रेय प्रेमचन्द को देना होगा कि उन्होंने निम्नवर्ग के अत्यन्त साधारण आदमी को अपने कथानायक के रूप में चुना। इस प्रसंग में 'रंगभूमि' के सूरदास और 'गोदान' के होरी का विशेष उल्लेख आवश्यक है। 'रंगभूमि' का सूरदास जाति का चमार, आँखों से अन्धा और पेशे से भिखारी है। इसके पहले हिन्दी के किसी भी उपन्यासकार ने इस प्रकार के तुच्छ, उपेक्षणीय, अतिसाधारण आदमी को उपन्यास का नायक नहीं बनाया था। पर प्रेमचन्द ने अपने कथानायक सूरदास को 'विशेष' चरित्र प्रदान करने का प्रयास किया है। वह जातिगत, शारीरिक और आर्थिक दृष्टि से साधारण होने पर भी चरित्र की दृष्टि से असाधारण और महान है। ऐसा लगता है कि प्रेमचन्द की नायक विषयक धारणा मूल रूप से नहीं बदली है; वे जैसे यह मानते प्रतीत होते हैं कि नायक को जाति और वर्ग की दृष्टि से नहीं तो चरित्र की दृष्टि से तो महान होना ही चाहिए। पर अपने अन्तिम उपन्यास 'गोदान' में वे अपनी नायक विषयक अवधारणा में क्रान्तिकारी परिवर्तन लाते हुए दिखाई पड़ते हैं। 'गोदान' का होरी सूरदास जितना साधारण तो नहीं है—है वह भी साधारण ही; जाति का महतो, अनपढ़ और केवल तीन बीघे जमीन का किसान—पर प्रेमचन्द ने

उसके चरित्र को सूरदास की तरह महान या उदात्त बनाने की कोशिश नहीं की है। वह अपनी समूची साधारणता में ही उपन्यास का नायक बनने में समर्थ हुआ है।

प्रेमचन्द-परवर्ती उपन्यासों में, विशेष रूप से नागार्जुन ने, निम्नवर्ग के व्यक्ति को उपन्यास के नायक के रूप में प्रतिष्ठित किया है। 'बलचनमा' इसका उत्कृष्ट उदाहरण है। पर बलचनमा होरी की तरह हर दृष्टि से साधारण नहीं रहता। वह शोषक वर्ग के विरुद्ध विद्रोह का प्रतीक बनकर उभरता है। नागार्जुन के बाद किसी अन्य उपन्यासकार ने इतने शक्त रूप में किसी मजदूर वर्ग के सदस्य को उपन्यास का नायक बनाने में सफलता नहीं प्राप्त की है।

प्रेमचन्दोत्तर युग में कतिपय उपन्यासकारों ने, विशेष कर 'अज्ञेय', इलाचन्द्र जोशी और कुछ हद तक नरेश मेहता ने, मनोविश्लेषण, असामान्य मनोविज्ञान अथवा अन्तर्जगत के सूक्ष्म विश्लेषण के प्रति रुचि दिखाई और ऐसे व्यक्तियों को कथानायक बनाया जो किसी विशेष वर्ग का प्रतिनिधित्व न कर स्वयं अपने-आपका प्रतिनिधित्व करते हैं। 'अज्ञेय' के शेखर, शशि, भुवन, रेखा और योके, इलाचन्द्र जोशी के पारसनाथ और निरंजन तथा नरेश मेहता के 'डूबते मस्तूल' की नायिका इसी प्रकार के पात्र हैं। इन नायकों की बाहरी दुनिया उतनी महत्त्व की नहीं है, जितनी उनकी भीतरी दुनिया।

हिन्दी के आंचलिक उपन्यासों में नायक विषयक अवधारणा का एक नया रूप दृष्टिगोचर होता है। फणीश्वरनाथ रेणु के 'मैला आँचल' और 'परती परिकथा', राही मासूम रजा के 'आधा गाँव' और श्रीलाल शुक्ल के 'राग दरबारी' में नायक के रूप में कोई पात्र सामने आता ही नहीं। इन उपन्यासों में अनेक गौण पात्र हैं, जो समान रूप से अपनी भूमिका पूरी करते हैं और यदि नायक रूप में किसी का सम्पूर्ण व्यक्तित्व उभरता है तो वह किसी व्यक्ति का नहीं वरन किसी पूरे या आधे गाँव का होता है।

इस सतत विकासमान ऐतिहासिक पृष्ठभूमि में, जिसमें उपन्यास के नायक का स्वरूप निरन्तर बदलता रहा है, नायक की परिभाषा प्रस्तुत करना या उसका निश्चित स्वरूप निर्धारण करना कठिन है। इस सम्बन्ध में प्रथम प्रतिक्रिया यह होती है कि 'नायक' पद ने उपन्यासकारों और उपन्यास के आलोचकों को जितना

गुमराह किया है उतना अन्य किसी दूसरे पद ने नहीं। वस्तुतः यह पारिभाषिक पद महाकाव्यों, नाटकों और गद्यकाव्यों का रूढ़ पद था जो उपन्यास जैसी नई विधा की प्रकृति के अनुकूल नहीं था। यह अपनी वंशगत बीमारी लेकर आया, जिससे उपन्यास भी सन्दूषित हो गया। इसका अनुभव प्रसिद्ध उपन्यासकार ट्रोलोप ने भी किया था कि :

> उपन्यास रचना में 'हीरो' और 'हीरोइन' पद जितने हानिकारक सिद्ध हुए हैं उतना अन्य कोई पद नहीं। उपन्यासकार इन पदों की व्याख्या में चाहे जितनी स्वतंत्रता बरते, नायकत्व का कुछ-न-कुछ अंश आ ही जाता है।

और अब तो आलोचक उपन्यास की आलोचना के प्रसंग में 'नायक' पद के प्रयोग से प्रायः बचने की कोशिश करते हैं और उसके स्थान पर 'प्रमुख पात्र', 'केन्द्रीय पात्र' आदि पदों का प्रयोग अधिक संगत मानते हैं और यदि 'नायक' पद का प्रयोग करते भी हैं तो 'प्रमुख पात्र' और 'केन्द्रीय पात्र' के अर्थ में ही।

यह प्रश्न विचारणीय है कि उपन्यास में 'नायक' की स्थिति आज क्या है या क्या हो सकती है। वस्तुतः इसका सही उत्तर पाने के लिए हमें उस दुनिया पर ही नजर डालनी होगी जिसमें हम रहते हैं। आज के संसार में कोई एक आर्थिक-राजनीतिक व्यवस्था नहीं है। कहीं लोकतंत्र है, कहीं राजतंत्र; कहीं तानाशाही है, कहीं सैनिकशाही; कहीं समाजवादी अर्थव्यवस्था है, कहीं पूँजीवादी और कहीं मिश्र। हम गोर्की के इस विचार से सहमत हैं कि मनुष्य के लिए नायक अनिवार्य है। प्रत्येक युग आर क्षेत-विशेष में कुछ ऐसे व्यक्ति जन्म लेते हैं—अधिक सही यह कहना होगा कि विकसित होते हैं— जो अपने युग की मौलिक आवश्यकताओं, आशाओं-आकांक्षाओं, मूलभूत हितों और श्रेष्ठतम गुणों के प्रतीक होते हैं। ऐसे व्यक्तियों को नायक की संज्ञा दी जा सकती है। काल और परिस्थिति के अनुसार इन नायकों का स्वरूप भी किंचित भिन्न हो सकता है, पर एक बात से इनकार नहीं किया जा सकता कि समाज का वास्तविक नायक वही व्यक्ति होगा जो विशाल जन समुदाय की आशा-आकांक्षा का प्रतीक हो तथा जो जनहित के लिए अपनी

सर्वात्मना आहुति दे देने के लिए प्रस्तुत हो। ऐसे व्यक्तियों में त्याग, देशभक्ति, विवेक, सहिष्णुता, समता आदि श्रेष्ठ भावनात्मक गुण विकसित होते हैं। जनता ऐसे व्यक्तियों को सहज ही अपना नेता, रहनुमा, त्राता, रक्षक, पूज्य मान लेती है और उनके नेतृत्व को स्वीकार कर लेती है।

उपन्यास में यदि ऐसे पात्र नायक बनते हैं तो यह न केवल सामाजिक हित की दृष्टि से वरन कला की दृष्टि से भी वांछनीय है। उपन्यास का उद्‌देश्य केवल मनोरंजन नहीं है; मनुष्य को ऊँचा उठाना, अपने चारों ओर की विषम परिस्थितियों से संघर्ष करने की क्षमता प्रदान करना, सामाजिक वैषम्य, अन्याय, अनाचार, भ्रष्टाचार आदि से लड़ाई के लिए तैयार करना आदि भी है। हर समाज में ऐसे व्यक्ति जन्म लेते हैं या जन्म ले सकते हैं, अत: उपन्यासकार को इस बात का पूरा अधिकार है कि वह ऐसे नायक की कल्पना करे। पर यही वह स्थान है, जहाँ सामान्य उपन्यासकार के फिसल जाने का खतरा होता है। उपन्यास की एक अनिवार्य शर्त है—प्रामाणिक या विश्वसनीय होना। उपन्यास का पाठक उपन्यास में अपनी जिन्दगी का साक्षात्कार करना चाहता है और जहाँ भी कोई ऐसी चीज दिखाई देती है, जो वास्तविक जिन्दगी से मेल नहीं खाती, पाठक का उपन्यास से विश्वास उठ जाता है। नायक भी अपनी सारी विशेषताओं के बावजूद मनुष्य होता है। वह जन्म से ही 'महान' बनकर पैदा नहीं होता। उसका चरित्र समकालीन परिस्थितियों, अपने परिवेश, संघर्ष और तपस्या की उपज होता है। उसमें कुछ सामान्येतर चारित्रिक गुण अवश्य होते हैं, पर वे देवी, ईश्वरीय या अलौकिक नहीं होते। हर पाठक अनुभव करता है कि वह भी वैसा बन सकता था। उपन्यासकार यदि अपने नायक को विश्वसनीय नहीं बनाता, यदि उसे सामान्य मनुष्य के रूप में, उसकी कमजोरियों के साथ प्रस्तुत नहीं करता, उसकी महानता के मूल में छिपी मानवीय दुर्बलताओं का, जिनसे वह निरन्तर जूझता रहता है, मनोवैज्ञानिक चित्रण नहीं करता तो वह सच्चा नायक नहीं, नायक के रूप में आदर्श की निर्जीव मूर्ति ही प्रस्तुत कर सकता है। उपर्युक्त प्रकार के श्रेष्ठ नायकों की कल्पना महान उपन्यासों में ही सम्भव है। उदाहरण के लिए शोलोकोव के 'दोन धीरे बहती है', गोर्की के 'माँ' अथवा रोमां रोलां के 'ज्याँ क्रिस्तोफ' का उल्लेख किया जा सकता है।

इस प्रसंग में एक महत्त्वपूर्ण सवाल उठता है कि क्या उपन्यास के लिए 'नायक' (उपर्युक्त प्रकार का भी) अनिवार्य है? मेरा उत्तर है, नहीं। उपन्यास का क्षेत्र बहुत व्यापक है, वह मनुष्य की समूची जिन्दगी का काव्यरूप है। हमारी जिन्दगी में केवल 'नायक' ही नहीं होते; सच तो यह है कि जिन्दगी बहुलांश में सामान्य होती है। छोटे आदमी के छोटे सुख-दुख, रोटी, कपड़ा और आवास के लिए निरन्तर जूझते हुए सामान्य जन, नाना प्रकार के मानवीय सम्बन्ध सूत्रों के जाल में हँसते-रोते, कुढ़ते-रिसते, छटपटाते-फुदकते मानव पंछियों की वैविध्यपूर्ण जिन्दगी—यह उपन्यास के लिए कम सार्थक उपजीव्य नहीं। संसार में नायक तो बिरले ही होते हैं, बल्कि सामान्य और अन्दर-बाहर से कमजोर आदमियों की दुनिया में बहुलता होती है। हम सब नैतिक दुर्बलताओं के शिकार हैं; स्वार्थ, लोभ, दम्भ, ईर्ष्या, परनिन्दा, दूसरों का शोषण, छल-प्रपंच आदि के शिकार हम सब हैं। आदमी इन चारित्रिक-नैतिक दुर्बलताओं का शिकार होता है, इनसे लड़ता है, हारता है, कभी-कभी आदमी इनसे ऊपर भी उठता है और इस प्रकार हमारी जिन्दगी चलती है। मेरे विचार से उपन्यास का सर्वाधिक महत्त्वपूर्ण क्षेत्र यह सामान्य जीवन ही है। लेव तोल्स्तोय, चार्ल्स डिकेन्स, विलियम मेकपीस थैकरे, गुस्ताव फ्लाबेर, दोस्तोएव्स्की आदि पाश्चात्य उपन्यासकारों और प्रेमचन्द, फणीश्वरनाथ रेणु, राही मासूम रजा, यशपाल, अमृतलाल नागर, हजारीप्रसाद द्विवेदी आदि हिन्दी उपन्यासकारों की रचनाओं से इस कथन की पुष्टि होती है। डिकेन्स का 'डेविड कॉपरफील्ड', फ्लाबेर की 'एम्मा बोव्हारी' तथा दोस्तोएव्स्की के 'कार्माजोव बन्धु' और 'रेस्कोलनिकोव' आदि पात्र नैतिक और आर्थिक-सामाजिक दृष्टि से कमजोर और साधारण तबके के पात्र हैं। यहाँ तक कि तोल्स्तोय के अभिजातवर्गीय पात्र भी—आन्ना कारेनिना, लेविन, विट्टी, नताशा, बेजुकोव आदि—नैतिक और मनोवैज्ञानिक दृष्टि से सामान्य ही हैं। पर वे महान उपन्यासों के प्रमुख पात्र हैं। प्रेमचन्द का होरी नैतिक, आर्थिक, सामाजिक, शैक्षिक सभी दृष्टियों से बिलकुल साधारण व्यक्ति है, पर वह 'गोदान' जैसे श्रेष्ठ कलात्मक उपन्यास का प्रमुख पात्र है। रेणु के 'मैला आँचल' और राही के 'आधा गाँव' में तो यह बताना ही कठिन हो जाता है कि उनके प्रमुख पात्र कौन हैं। और जो पात्र हैं भी उनका चरित्र नायकोचित नहीं है। इन उपन्यासों के सभी पात्र अपनी

साधारण जिन्दगी के साथ, अपने सारे वैविध्य के साथ, हमारे समक्ष प्रस्तुत होते हैं। मेरी दृष्टि में उपन्यास की यह भी एक सही और स्वस्थ दिशा है। ऐसे उपन्यासों में यद्यपि कोई आदर्श पात्र नहीं होता, पर हम अपनी जिन्दगी को उसके सही रूप में देखने में समर्थ होते हैं। यदि उपन्यासकार में प्रतिभा, संवेदना और स्वस्थ जीवन-दृष्टि है तो वह साधारण जीवन के द्वंद्व, संघर्ष और अन्तर्विरोध को इस रूप में प्रस्तुत कर सकता है कि बिना किसी आदर्श नायक की उपस्थिति के हम बेहतर जीवन दशाओं की प्राप्ति के लिए संघर्ष कर सकते हैं। 'गोदान' इसका अच्छा उदाहरण है।

अन्त में हम उन औपन्यासिक नायकों पर विचार करें, जो मनोवैज्ञानिक उपन्यासों के विषय बनते हैं। पश्चिम में इस प्रकार के उपन्यासों की रचना अधिक हुई है। मार्शल प्रूस्त, डोरोथी रिचर्डसन, जेम्स जॉयस, वर्जीनिया वूल्फ, विलियम फॉकनर आदि ने अपने विशालकाय, कई खंडों वाले, उपन्यासों में ऐसे व्यक्तियों को कथानायक के रूप में प्रस्तुत किया है, जो मनुष्य के अवचेतन मन के, जहाँ कुछ भी नैतिक, विवेकपूर्ण, तर्कसंगत, कल्याणकारी आदि नहीं होता, प्रतीक हैं। हिन्दी में मुख्यत: अज्ञेय और इलाचन्द्र जोशी ने एक हद तक मनोवैज्ञानिक उपन्यास लिखे हैं। मनोवैज्ञानिक उपन्यासों के नायक, उपन्यास का एकमात्र विषय होने के बावजूद, नायकोचित गुणों से युक्त नहीं होते। वे अपने मौलिक, आदिम रूप में सामने आते हैं, परिष्कार, साधना, त्याग, बलिदान आदि के बाद श्रेष्ठ मनुष्य के रूप में नहीं। दूसरी तरफ वे आम आदमी भी नहीं होते। इस प्रकार के व्यक्ति समाज में विरल होते हैं। यह सही है कि अवचेतन मन में आदमी पशुवत होता है और उसका चित्रण एक हद तक यथार्थ और हमारी आँखें खोलनेवाला होता है, पर वह आदमी का असली रूप नहीं होता। कभी-कभार आदमी को समझने के लिए उसके अवचेतन मन का उद्‌घाटन लाभकारी हो सकता है, पर उसे ही असली जीवन नहीं माना जा सकता। अविकसित या विकासमान देशों की जिन्दगी में रोटी, कपड़ा, आवास और चेतन मन की विभिन्न समस्याएँ जितनी महत्त्वपूर्ण हैं, उतनी अवचेतन मन की नहीं। पूँजीवादी देशों में अलबत्ता, जहाँ भौतिक सम्पन्नता या प्राचुर्य है, अवचेतन मन की खोज महत्त्वपूर्ण हो सकती है, और वस्तुत: पूँजीवादी देशों में ही शुद्ध मनोवैज्ञानिक उपन्यास बड़ी संख्या में लिखे और आलोचकों द्वारा सराहे गए

हैं। हिन्दी में इस दृष्टि से उल्लेखनीय उपन्यासकार अज्ञेय के उपन्यासों के नायक भी नितान्त असामाजिक या समाज से कटे हुए नहीं हैं। मनोवैज्ञानिक उपन्यासों के नायकों के बारे में मेरी धारणा है कि वे जैसे वास्तविक जीवन में वैसे ही उपन्यास की दुनिया में भी अपवाद हैं, घुसपैठिये हैं, अवांछनीय या अनावश्यक हैं।

निष्कर्षत: 'नायक' पद अब उपन्यास के प्रमुख पात्र का पर्याय है, जो नायकोचित गुणों से युक्त विशिष्ट व्यक्ति, साधारण आदमी, असामान्य मन:स्थिति का व्यक्ति, कोई भी हो सकता है, अथवा उपन्यास में उसकी स्थिति नहीं भी हो सकती है। यह उपन्यासकार की सामाजिक चेतना, मानवीय संवेदना, अनुभव-प्रकार और वैचारिक प्रतिबद्धता पर निर्भर है कि वह अपनी कृति के लिए नायक का कौन-सा रूप ग्रहण करे। निश्चय ही नायक का प्रश्न उपन्यासकार की समूची कला चेतना से जुड़ा हुआ है।

सूरदास 'रंगभूमि' का केन्द्रीय पात्र या 'नायक' है। यद्यपि उसे शास्त्रीय दृष्टि से 'नायक' कहना कदाचित सम्भव नहीं होगा, पर वह उपन्यास का मुख्य या केन्द्रीय पात्र तो है ही। प्रेमचन्द ने यह अच्छी तरह समझ लिया था कि अब सामन्तों का वह युग गया जब साहित्य के 'नायक' राजकुमार या उनके समकक्ष सामन्त ही हुआ करते थे। 'उपन्यास' आधुनिक युग की साहित्य विधा है जिसमें आम आदमी—निम्न वर्ग और मध्य वर्ग—-की जिन्दगी सामन्त वर्ग या उच्च वर्ग से किसी कदर कम महत्त्व की नहीं मानी जाती। प्रेमचन्द ने 'रंगभूमि' में एक अति साधारण आदमी को उपन्यास के 'नायक' का दरजा दे डाला है। वह आदमी सूरदास है। सूरदास जाति से समाज का सबसे उपेक्षित वर्ग हरिजन, शरीर से अपंग, अन्धा, शैक्षिक दृष्टि से निरक्षर और आर्थिक दृष्टि से भिखमंगा है। इससे अधिक साधारण आदमी की कल्पना भी क्या की जा सकती है! प्रेमचन्द ने सूरदास को इस महाकाव्यात्मक उपन्यास का नायक बनाकर अपने आधुनिक प्रगतिशील दृष्टिकोण का परिचय दिया है।

पर सूरदास की पृष्ठभूमि जितनी साधारण है, उसका चरित्र उतना ही विशिष्ट है। कदाचित प्रेमचन्द अब तक यह मानते थे कि पात्र चाहे जिस वर्ग का हो, नायक बनने के लिए उसके चरित्र का महान होना आवश्यक है। इस कारण सूरदास

आर्थिक-सामाजिक-शैक्षिक-शारीरिक दृष्टि से अति साधारण होने पर भी चरित्र की दृष्टि से महान है। उसकी निर्धनता स्वयं आरोपित है। उसके पास शहर के पास दस बीघा मौरूसी जमीन है, जिसे यदि वह लगान पर उठा देता, तो उसे भीख माँगने की आवश्यकता नहीं पड़ती। किसी हरिजन के पास दस बीघा मौरूसी जमीन होना सामान्य बात नहीं है। पर सूरदास इतनी जमीन रहते जीविका के लिए भीख माँगता है। अपनी जमीन उसने स्वेच्छा से चरागाह और सार्वजनिक कामों के लिए छोड़ दी है और खुद भिक्षावृत्ति से गुजर करता है। इसी प्रकार वह पढ़ा-लिखा तो नहीं है, पर उसमें अन्तर्ज्ञान की कमी नहीं है। वह कबीर, दादू, रैदास आदि सन्तों की तरह निरक्षर होकर भी ज्ञानी और सन्त है। इसका परिचय हमें उपन्यास के प्रथम परिच्छेद में ही सोफिया और उसके परिवार के साथ उसकी बातचीत से मिल जाता है। सोफिया उसे 'ज्ञानी पुरुष' और 'फिलॉसफर' कहती है।

सूरदास के चरित्र में अनेक खूबियाँ हैं, जो उसे विशिष्ट ही नहीं, महान बना देती हैं। सर्वप्रथम वह गीता के आदर्श पर निष्काम कर्मयोगी है। वह संसार को 'रंगभूमि' अथवा 'खेल का मैदान' मानता है और 'कर्मण्येवाधिकारस्तु मा फलेषु कदाचन' का अनुयायी है। वह खेल में जीत या हार को महत्त्व नहीं देता, बल्कि खेलते रहने को महत्त्व देता है। वह केवल एक बार अपने दुर्भाग्य पर रोता दिखाई पड़ता है; तब, जब भैरो उसके रुपये चुरा ले जाता है और उसकी झोंपड़ी में आग लगा देता है। पर उस समय उसे गीता के कर्मयोग का आत्मज्ञान नहीं हुआ था। इस घटना के बाद हम सूरदास को कभी भी पराजय से मायूस होते या रोते या जीत होने पर खुशी में नाचते नहीं देखते। वह सुख-दुख दोनों में अनुद्विग्न, विगतस्पृह, रागद्वेष से मुक्त, वीतराग योगी के रूप में दिखाई पड़ता है। वह अन्धा और गरीब होने के बावजूद पूँजीवाद, सामन्तवाद और साम्राज्यवाद की सम्मिलित शक्ति से लोहा लेता है। यद्यपि भौतिक रूप में उसकी हार होती है पर नैतिक दृष्टि से विजय का सेहरा उसके ही माथे पर चढ़ता है। इस प्रकार सूरदास गांधी जी का या तत्कालीन भारतीय जनता का, जो सूरदास की ही तरह अपंग और साधनहीन थी, प्रतीक बन जाता है। सामन्तवाद, पूँजीवाद और साम्राज्यवाद से उसकी लड़ाई इन शक्तियों से भारतीय जनता की लड़ाई बन जाती है।

कहा जाता है कि दृढ़ संकल्प और आत्मविश्वास साधारण व्यक्ति को भी महान बना दे सकते हैं। सूरदास के चरित्र में दोनों गुण भरपूर मात्रा में विद्यमान हैं। मि. जान सेवक सूरदास की जमीन सिगरेट का कारखाना लगाने के लिए लेना चाहते हैं। सूरदास अपनी जमीन बेचने के लिए तैयार नहीं है। उसका संकल्प है : "मेरे जीते-जी तो जमीन न मिलेगी। हाँ, भर जाऊँ तो भले ही मिल जाए।"

सूरदास इस संकल्प से कभी डिगता नहीं। एक बार अपने पड़ोसियों द्वारा अपमानित होने पर वह जमीन बेच देने की बात सोचता है, पर तुरत ही उसे अपनी कमजोरी का भान हो जाता है और वह अपने निश्चय पर डट जाता है। एक बार पुनः हम उसे कहते पाते हैं :

> अगर जमीन जाएगी तो इसके साथ मेरी जान भी जाएगी। (पृ. 57)

सूरदास की जमीन लेने के लिए जान सेवक कोई प्रयत्न उठा नहीं रखता। वह पहले नगरपालिका के चेयरमैन राजा महेन्द्र कुमार की सिफारिश करता है, पर महेन्द्र कुमार सूरदास के विचारों को जानने के बाद जान सेवक की कोई मदद नहीं करते। तब जान सेवक सूरदास के गाँववालों को ही फोड़ लेता है। सूरदास अकेला पड़ जाता है, पर अपने निश्चय से नहीं डिगता। वह तीसरी बार अपना संकल्प दोहराता है :

> अगर जमीन गई, तो उसके साथ मेरी जान भी जाएगी। (पृ. 142)

जान सेवक जिलाधीश मि. क्लार्क तथा नगरपालिका के अध्यक्ष राजा महेन्द्र कुमार को अपने पक्ष में करके सूरदास की जमीन ले लेता है, पर सूरदास हार नहीं मानता। वह मुआवजा लेना अस्वीकार कर देता है और चारों ओर घूम-घूमकर गीत गाकर जनसमूह एकत्र कर उससे फरियाद करता है। सूरदास की इस संघर्ष क्षमता को देखकर जान सेवक तक को स्वीकार करना पड़ता है :

> बड़े जीवट का आदमी है, आसानी से काबू आने वाला नहीं है। (पृ. 202)

दो-चार दिनों में ही सूरदास जनता का समर्थन प्राप्त कर लेता है और राजा साहब सारे शहर में बदनाम हो जाते हैं। इतना ही नहीं, जनसमूह सूरदास की जमीन पर कारखाने की इमारत न बनने देने के लिए हिंसा पर उतारू हो जाता है। पर सूरदास ऐसा नहीं चाहता। वह गांधी जी की तरह अहिंसा, साधन की शुद्धता और शत्रु के हृदय परिवर्तन पर विश्वास करता है। उसके प्रयत्न से, जान दे देने की धमकी से, जान सेवक का गोदाम तथा इमारत के लिए एकत्र की हुई सामग्री बच जाती है। इस प्रकार सूरदास की लड़ाई धर्म की, सत्य और अहिंसा की लड़ाई है, जिसे उन दिनों गांधी जी चला रहे थे।

अन्ततः सूरदास की जमीन बच नहीं पाती। जमीन के बाद पूरे गाँव की बारी आती है। मिल मजदूरों के रहने के लिए बस्ती बनाने की योजना बनती है और इसके लिए पूरा गाँव खाली करा देने का सरकारी आदेश आ जाता है। पुलिस गाँव वालों पर मनमाना अत्याचार करती है। गाँव के अन्य लोग तो रो-धो कर अपने घर खाली कर देते हैं, पर सूरदास अपने संकल्प पर दृढ़ रहता है। वह अपनी झोंपड़ी नहीं छोड़ता। वह प्राण रहते अपनी झोंपड़ी छोड़ने को तैयार नहीं होता। इस प्रश्न को लेकर आन्दोलन छिड़ जाता है। जनता सूरदास के साथ है। सरकार इस आन्दोलन को कुचलने के लिए दमन का मार्ग अपनाती है। सूरदास इस आन्दोलन में क्लार्क की गोली का निशाना बन जाता है और दो-चार दिनों के बाद अस्पताल में उसकी मृत्यु हो जाती है।

मृत्यु शय्या पर जीवन की अन्तिम साँसें गिनते हुए भी सूरदास हताश या पराजित नहीं दीखता। वह रानी जाह्नवी से कहता है :

> कुछ कष्ट नहीं है। खेलते-खेलते गिर पड़ा हूँ, चोट आ गई है, अच्छा हो जाऊँगा।

इस अवस्था में भी वह राजा महेन्द्र कुमार को गीता के निष्काम कर्म का उपदेश देता है। मिठुआ जान सेवक के गोदाम में आग लगा देने और बम विस्फोट करा देने की धमकी देता है तो वह उसे पहले समझाता है और फिर इसकी सूचना जान सेवक को दे देता है। जान सेवक के प्रति उसके मन में तनिक भी द्वेष भाव नहीं है।

सूरदास पक्का अहिंसावादी है। जब नायक राम, बजरंगी, जगधर वगैरह प्रभु सेवक से प्रतिशोध लेने के लिए उसे बीच बाजार में पीटना चाहते हैं, तो सूरदास इस प्रस्ताव का विरोध करता है और जब वे उसकी बात नहीं मानते तो वह इसकी सूचना जान सेवक को दे आने की धमकी देता है। गाँववालों के प्रबल विरोध के बावजूद सूरदास अपने निश्चय से नहीं हटता और अन्तत: उन्हें प्रभु सेवक को पीटने का निश्चय छोड़ना पड़ता है।

सूरदास की सत्यनिष्ठा और पवित्र आचरण का एक बड़ा भारी प्रमाण तब मिलता है जब सोफिया ईर्ष्या के वशीभूत होकर सूरदास से राजा महेन्द्र कुमार को और भी बदनाम करने का अनुरोध करती है। (पृ. 221) पर सूरदास पाप से घृणा करता है, पापी से नहीं; वह 'धरम की लड़ाई' लड़ने का आग्रही है। वह सोफिया के प्रस्ताव को अस्वीकार कर देता है। उसकी बातों का सोफिया के मन पर ऐसा असर पड़ता है कि वह राजा महेन्द्र कुमार को बदनाम करने के उद्देश्य से लिखे अपने प्रहसन को जला देती है।

सूरददास धन का लोभी नहीं है। साथ ही वह साधन की पवित्रता में विश्वास रखता है। भैरो उसके पाँच सौ रुपये चुरा ले गया था और उसकी झोंपड़ी में आग लगा दी थी। भैरो की पत्नी सुभागी वह रुपया चुराकर फिर सूरदास को दे आती है। सूरदास अपनी खोई हुई सम्पत्ति पाकर भी बहुत प्रसन्न नहीं होता क्योंकि सुभागी ने ये रुपये उसे चुराकर दिए हैं। वह दूसरे दिन सारे रुपये भैरो को वापस कर देता है और अपनी सरलता में सुभागी का नाम भी बता देता है। वह सुभागी को अपनी बहन कहकर भैरो से उसे कुछ न कहने का अनुरोध भी करता है। इससे सूरदास के हृदय की पवित्रता और गांधीवाद के प्रति उसके झुकाव का पता चलता है।

सूरदास के हृदय की शुद्धता और दुश्मन को भी प्यार करने की क्षमता का परिचय एक प्रसंग से मिलता है। भैरो सूरदास पर अपनी पत्नी को भगाने का मामला दायर कर देता है और राजा महेन्द्र कुमार सिंह, जो ऑनरेरी मजिस्ट्रेट हैं और सूरदास से चिढ़े हुए हैं, सूरदास को तीन महीने की कैद या तीन सौ रुपये जुरमाने की सजा सुना देते हैं। सूरदास फिर जनसमूह को सम्बोधित करता है और बात की बात में जनसमूह उसका समर्थक हो जाता है। शहर के उत्साही सामाजिक-राजनीतिक

कार्यकर्ता रातोंरात चन्दा एकत्र कर प्रातःकाल होते ही सूरदास को छुड़ा लेते हैं। वे सूरदास का जुलूस भी निकालना चाहते हैं पर पुलिस की सतर्कता से जुलूस नहीं निकल पाता। चन्दे की बची हुई तीन सौ रुपये की रकम भी सूरदास को दे दी जाती है।

छूटकर आने पर सूरदास को पहली चिन्ता भैरो की दुकान बनवाने की होती है, क्योंकि उसकी अनुपस्थिति में मिठुआ ने भैरो की दुकान में आग लगा दी थी। वह चन्दे के तीन सौ रुपये भैरो को दे देता है। यह उस आदर्श क्षमा भावना का उदाहरण है जो दुश्मन को भी द्रवित कर देती है। आखिर भैरो का हृदय परिवर्तन हो ही जाता है।

पर सूरदास उन लोगों को क्षमा नहीं करता जो स्त्रियों की आबरू उतारते हैं। जगधर का बेटा विद्याधर और बजरंगी का बेटा घीसू सुभागी से प्रेम-निवेदन करते पकड़े जाते हैं। सूरदास उन्हें क्षमा नहीं करता और पुलिस में उनके खिलाफ चोरी की रिपोर्ट दर्ज करा देता है जिससे दोनों को सजा हो जाती है। इससे सूरदास की नैतिक मूल्यों के प्रति गहरी निष्ठा का पता चलता है।

इस प्रकार सूरदास अपने सहज ज्ञान, आत्मविश्वास, अहिंसा, त्याग, सत्याग्रह, मानवीय आस्था, नैतिक मूल्यों के प्रति गहरी निष्ठा और दुर्दमनीय संघर्ष-क्षमता के कारण महान बन गया है।

उपन्यास में अन्य पात्रों तथा स्वयं उपन्यासकार की सूरदास विषयक टिप्पणियाँ भी उसे महान व्यक्ति के रूप में प्रस्तुत करती हैं।

इन्दु की सूरदास के सम्बन्ध में टिप्पणी है :

> वह अपनी धुन का पक्का, निर्भीक, निस्पृह, सत्यनिष्ठ आदमी है, किसी से दबना नहीं जानता। (पृ. 351)

बजरंगी कहता है :

> सच कहते हो भैया, आदमी नहीं था, देवता था। ऐसा सेर आदमी कहीं नहीं देखा। सच्चाई के सामने किसी की परवा नहीं की, चाहे कोई अपने घर का लाट ही क्यों न हो। (पृ. 510)

मि. गांगुली मरणासन्न सूरदास के बारे में कहते हैं :

> सूरदास अभी नहीं मरेगा, बहुत दिनों तक नहीं मरेगा। हम सब मर जाएगा, कोई कल, कोई परसों, पर सूरदास तो अमर हो गया, उसने तो काल को जीत लिया। अभी तक इसका जीवन पंचभूतों के संस्कार से सीमित था। अब वह प्रसारित होगा, समस्त प्रान्त को, समस्त देश को जागृति प्रदान करेगा, हमें कर्मण्यता का, वीरता का आदर्श बताएगा। यह सूरदास की मृत्यु नहीं है सोफी, यह उसकी जीवन-ज्योति का विकास है। (पृ. 521)

सूरदास के मरने पर स्वयं कथाकार की टिप्पणी है :

> ...कोई कहता था, सिद्ध था, कोई कहता था, वली था, कोई देवता कहता था, पर वह यथार्थ में खिलाड़ी था। वह खिलाड़ी जिसके माथे पर कभी बल नहीं आया, जिसने कभी हिम्मत नहीं हारी, जिसने कभी कदम पीछे नहीं हटाए, जीता, तो प्रसन्नचित्त रहा, हारा तो प्रसन्नचित्त रहा, हारा तो जीतनेवाले से कीना नहीं रखा, जीता तो हारनेवाले पर तालियाँ नहीं बजाईं, जिसने खेल में सदैव नीति का पालन किया, कभी धाँधली नहीं की, कभी द्वंद्वी पर छिपकर चोट नहीं की। भिखारी था, अपंग था, अन्धा था, दीन था, कभी भर पेट दाना नहीं नसीब हुआ, कभी तन पर वस्त्र पहनने को नहीं मिला, पर हृदय धैर्य और क्षमा, सत्य और साहस का अगाध भंडार था। देह पर मांस न था, पर हृदय में विनय, शील और सहानुभूति भरी हुई थी। (पृ. 522)

सूरदास एक सच्चा खिलाड़ी है। वह अन्तिम साँसें लेता हुआ कहता है :

> हम हारे, तो क्या, मैदान से भागे तो नहीं, रोए तो नहीं, धाँधली तो नहीं की। फिर खेलेंगे, जरा दम ले लेने दो, हार-हार कर तुम्हीं से खेल सीखेंगे और एक-न-एक दिन हमारी जीत होगी, जरूर होगी। (पृ. 521)

सूरदास के इस कथन में अँगरेजों से स्वाधीनता की लड़ाई लड़ते हुए भारतीय जनसमूह और उसके नेता गांधी जी की भावना साफ झलकती है।

कुल मिलाकर उपन्यास के अन्त तक पहुँचते-पहुँचते सूरदास का चरित्र नायकोचित हो गया है। सूरदास के माध्यम से प्रेमचन्द कदाचित यह सिद्ध करना चाहते हैं कि 'नायक' की तलाश में केवल सामन्ती समाज का दरवाजा खटखटाने की आवश्यकता नहीं है; निम्न वर्ग से भी नायक की खोज की जा सकती है। सूरदास का चरित्र बिना अविश्वसनीय हुए नायकोचित महानता से युक्त हो गया है। उपन्यास के अन्य सामन्ती पात्र उसके सामने फीके लगते हैं।

सूरदास न केवल प्रेमचन्द के कथा साहित्य का, न केवल हिन्दी कथा साहित्य का, वरन समस्त भारतीय कथा साहित्य का एक अविस्मरणीय पात्र है।

‘रंगभूमि’ का कथाशिल्प

उपन्यास के कथाशिल्प का प्रश्न उसके विषय से अनिवार्यतः जुड़ा हुआ है। इस सम्बन्ध में पहली विचारणीय बात यही होती है कि उपन्यास का केन्द्रीय विषय क्या है और कथा का ढाँचा उससे किस हद तक सम्बद्ध है। जहाँ तक ‘रंगभूमि’ का सवाल है इसका केन्द्रीय विषय भारत की स्वाधीनता की लड़ाई का चित्रण है। यद्यपि समसामयिक परिस्थितियों और अपनी व्यक्तिगत सीमाओं के चलते प्रेमचन्द ने इस विषय को थोड़ा मन्द / डंकहीन कर दिया है, पर जैसा हम पहले अध्याय में देख चुके हैं उनका मुख्य उद्‌देश्य स्वाधीनता संग्राम का चित्रण ही है। इसके लिए उन्होंने उपन्यास में सूरदास और जान सेवक के संघर्ष को प्रमुख कथा के रूप में प्रस्तुत किया है। ऊपर से देखने पर सूरदास और जान सेवक का संघर्ष शुद्ध आर्थिक संघर्ष जान पड़ता है, पर इस संघर्ष में सूरदास के खिलाफ, जो भारत की आम जनता का प्रतीक बन गया है, पूँजीवादी, सामन्तवादी और साम्राज्यवादी शक्तियाँ एकजुट हो जाती हैं और उनसे टक्कर लेने के लिए सूरदास के साथ भी जनता और उसके नेता पंक्तिबद्ध हो जाते हैं।[1] इस प्रकार यह संघर्ष राष्ट्रीय संग्राम की शक्ल ले लेता है। इस संग्राम में सूरदास और जान सेवक के साथ देर-सबेर उपन्यास के सभी प्रमुख पात्र और सैकड़ों गौण पात्र, जिनमें अधिकांश बिना नाम के हैं, शामिल हो जाते हैं।

उपन्यास के पहले परिच्छेद में ही कथा के मुख्य संघर्ष का बीज पड़ जाता है। जान सेवक अपने सिगरेट के कारखाने के लिए सूरदास की जमीन लेना चाहता

है, पर सूरदास अपनी जमीन बेचने के लिए तैयार नहीं होता। धीरे-धीरे यह संघर्ष कथा अग्रसर होती है और संघर्ष तीव्र से तीव्रतर होता जाता है। दूसरे ही परिच्छेद में सूरदास अपनी जमीन किसी भी कीमत पर न बेचने का निश्चय व्यक्त कर देता है। ऐसा नहीं कि वह जान सेवक की शक्ति को नहीं जानता, पर अपनी जमीन की रक्षा के लिए वह प्राण देने तक का निश्चय कर डालता है।[2] जान सेवक भी मैदान में आ जाता है। पहले वह कुँवर भरत सिंह को मिलाता है, जो नगर के एक बड़े रईस और जमींदार हैं। इसके बाद वह कुँवर भरत सिंह के दामाद महेन्द्र कुमार सिंह से सम्बन्ध कायम करता है, जो नगरपालिका के प्रधान हैं। उसका सम्बन्ध नगर के जिलाधीश क्लार्क से भी है। क्लार्क उसकी बेटी सोफिया का प्रेमी है। इस प्रकार पूँजीपति (जान सेवक), सामन्त (कुँवर भरत सिंह और राजा महेन्द्र कुमार सिंह) और साम्राज्यवादी शासक (क्लार्क) तीनों इस संघर्ष में एक शक्ति के रूप में मिल जाते हैं। पर सूरदास हार नहीं मानता। उसके साथ आरम्भ में गाँववाले हैं। कुँवर भरत सिंह और महेन्द्र कुमार सिंह भी नैतिक आधार पर जान सेवक की, आरम्भ में, सहायता नहीं करते पर शासन के दबाव में पड़कर तथा अपने सामन्ती अहं के शिकार होकर वे पूरी तरह से जान सेवक का साथ देने लगते हैं। आरम्भ में इन्दु सूरदास के पक्ष में है पर सोफिया के प्रति अपने ईर्ष्याजन्य द्वेष और मिथ्या सामन्ती अभिमान के कारण वह भी उसके विरुद्ध हो जाती है। केवल सोफिया सूरदास का साथ देती है, पर उसका प्रयत्न सफल नहीं होता और सूरदास की जमीन सरकार द्वारा जान सेवक के कारखाने के लिए अधिगृहीत कर ली जाती है। पर सूरदास झुकता नहीं। वह जमीन का मुआवजा लेने से इनकार कर देता है। उधर जान सेवक इतने से ही सन्तुष्ट नहीं होता। वह कारखाने के मजदूरों की रहाइश के लिए पांडेपुर गाँव को भी लेना चाहता है और सरकार का फैसला उसके पक्ष में जाता है।

इस बीच सूरदास भी अपने पक्ष में जनमत तैयार कर लेता है। जनता पग-पग पर कारखाने के निर्माण में बाधा खड़ी करती है; पर एक तो सरकार जान सेवक की मदद कर रही है और दूसरे सूरदास अहिंसा और हृदय परिवर्तन में आस्था रखता है, इसलिए कारखाना बन जाता है। पर जब मजदूरों की कॉलोनी बनाने के लिए पांडेपुर को अधिगृहीत करके उसे खाली कराने का आदेश निर्गत होता है तब

जनान्दोलन तेज हो जाता है। सेवक दल, जिसका नायक प्रभुदत्त और प्रमुख कार्यकर्ता इन्द्रदत्त हैं, इस आन्दोलन का नेतृत्व सँभाल लेता है। सूरदास अपनी झोंपड़ी किसी भी कीमत पर न छोड़ने पर अड़ा हुआ है। जनता सूरदास के पक्ष में मर-मिटने को तैयार है। अन्तत: दोनों शक्तियों में मुठभेड़ हो जाती है और इस संघर्ष में इन्द्रदत्त, विनय, सूरदास तथा अनेक व्यक्ति शहीद हो जाते हैं।

सूरदास और जान सेवक की यह संघर्ष कथा प्रथम परिच्छेद से 46वें परिच्छेद तक लगभग 33 परिच्छेदों में प्रस्तुत की गई है। उपन्यास में कुल 50 परिच्छेद हैं अत: स्थान की दृष्टि से यह कथा उपन्यास के लगभग 66 प्रतिशत अंश में फैली हुई है।

जैसा हम आरम्भ में ही कह चुके हैं, 'रंगभूमि' का केन्द्रीय विषय भारतीय स्वाधीनता संग्राम का चित्रण है। प्रेमचन्द भारतीय स्वाधीनता संग्राम को उसकी समग्रता में देखते थे। उनकी दृष्टि में पराधीन भारत लोहे की बेड़ियों में जकड़ी 'भारत माता' का चित्र न होकर पूँजीवादी-साम्राज्यवादी ब्रिटिश शासन के भारतीय सामन्तों और पूँजीपतियों के साथ मिलकर किए जानेवाले शोषण और दमन की शिकार तथा उसके प्रतिरोध में उठ खड़े होने का प्रयत्न करती हुई भारतीय जनता थी। इसी स्वाधीनता संग्राम के एक पक्ष का चित्रण सूरदास और जान सेवक की संघर्ष कथा के माध्यम से प्रस्तुत किया गया है। सूरदास भारतीय जनता का बहुत अच्छा प्रतीक है; भौतिक दृष्टि से कमजोर पर आध्यात्मिक दृष्टि से मजबूत। यदि भारतीय जनता का आध्यात्मिक या आत्मिक दृष्टि से पतन हो जाता तो वह कभी भी आजादी पाने में सफल नहीं होती। सूरदास और जान सेवक का संघर्ष भारतीय जनता का ब्रिटिश साम्राज्यवाद और उसके भारतीय सहयोगी पूँजीवाद और सामन्तवाद से संघर्ष है। यह संघर्ष गाँव से शहर का, जर्जर ग्रामीण व्यवस्था से उभरते हुए भारतीय पूँजीवाद का, अशिक्षित, दरिद्र, पिछड़े, साधनहीन, सरल ग्रामीण समाज से (प्रतीक सूरदास) आधुनिक शिक्षा से लैश, साधन-सम्पन्न, चतुर, नागरिक समाज (प्रतीक जान सेवक) का है।

पर भारतीय स्वाधीनता संग्राम का एक और आयाम था। ब्रिटिश साम्राज्यवाद भारतीय जनता के शोषण में भारतीय सामन्तों और पूँजीपतियों का समर्थक और

सहयोगी था, किन्तु जहाँ उसका स्वार्थ इनसे टकराता था वहाँ वह इनके प्रति भी कोई रियायत नहीं बरतता था। भारत का सामन्त वर्ग पूरी तरह से ब्रिटिश शासन का मुखापेक्षी था और उसकी इच्छा के विरुद्ध वह कुछ भी नहीं कर सकता था। इसकी प्रतिक्रिया स्वाभाविक थी। सामन्तों का एक वर्ग इसकी प्रतिक्रिया में ब्रिटिश शासन का विरोध करने लगा था और भारतीय जनता के हितों की पहल करने लगा था। 'रंगभूमि' के कुँवर भरत सिंह, रानी जाह्नवी और राजा महेन्द्र कुमार इस विरोध का प्रतिनिधित्व करते हैं। कुँवर भरत सिंह और रानी जाह्नवी ब्रिटिश शासन की समाप्ति चाहते हैं, पर उनके सामने आजादी की कोई भावी रूपरेखा बिलकुल स्पष्ट नहीं है। ब्रिटिश शासन को उखाड़ फेंकने की कोई योजना भी उनके सामने नहीं है। उनका देशप्रेम एक 'सेवक दल' के संघटन तक सीमित है, जिसका उद्देश्य सूर्य-चन्द्रग्रहण या अन्य मेलों के अवसरों पर तीर्थ यात्रियों की सहायता करना या कहीं दुर्भिक्ष या महामारी फैलने पर जनता की मदद करना है। कदाचित वे यह भी चाहते हैं कि सेवक दल जनता को शिक्षित, स्वावलम्बी, स्वस्थ, प्रबुद्ध बनाने का प्रयत्न करे; पर वह ब्रिटिश शासन का खुला विरोध करे, यह उनका अभीष्ट नहीं है। इसीलिए जब विनय सिंह राजस्थान में जनविरोधी रुख अपनाता है तो रानी जाह्नवी को इससे दुःख और क्रोध होता है, पर कुँवर भरत सिंह पर इसका कोई असर नहीं होता। इतना ही नहीं, जब प्रभु सेवक और इन्द्रदत्त के नेतृत्व में 'सेवक दल' राजनीतिक रूप ग्रहण करने लगता है तो वे उससे अपना सम्बन्ध तोड़ लेते हैं। यहाँ तक कि सरकार को प्रसन्न करने के लिए वे प्रभु सेवक को 'सेवक दल' से निकाल देते हैं और अपनी रियासत को 'कोर्ट ऑफ वाड्र्स' को सुपुर्द कर देते हैं। अलबत्ता रानी जाह्नवी अपने लक्ष्य के प्रति निष्ठावान बनी रहती हैं और अन्त-अन्त तक युद्ध जारी रखती हैं, इसके बावजूद कि उनका लक्ष्य—आजादी की भावी रूपरेखा—स्पष्ट नहीं है।

राजा महेन्द्र कुमार भी अँगरेजों से अप्रसन्न हैं और 'जनता' की सेवा करना चाहते हैं। पर उनकी 'जन सेवा' जनता को छोटे-मोटे लाभ पहुँचाने तक सीमित है और वह भी अँगरेज शासकों का मुँह देखकर। वे इसी द्वंद्व में नष्ट हो जाते हैं। अन्ततः वे पूर्णतः जनविरोधी हो जाते हैं।

तीसरी ओर वैसे राजा हैं जो पूरी तौर पर अँगरेजों के गुलाम हैं। इस वर्ग का प्रतिनिधित्व उदयपुर रियासत के 'महाराजा साहब' करते हैं। वे भोगविलास का जीवन व्यतीत करते हैं और उसके लिए तथा अँगरेजों को खुश रखने के लिए जनता का शोषण करते हैं। फलस्वरूप प्रजा में असन्तोष पैदा होता है और वीरपाल सिंह के नेतृत्व में एक आतंकवादी दल का संगठन होता है। कुँवर भरत सिंह के सेवक दल का एक जत्था विनय सिंह के नेतृत्व में 'भारत भ्रमण' के सिलसिले में राजस्थान जाता है। उदयपुर पहुँचकर यह दल वहाँ की जनता को स्वावलम्बी बनने के लिए संगठित करता है, पंचायतों की स्थापना कराता है जहाँ आपसी झगड़े तय कर लिये जाते हैं, आपसी सहयोग से कुएँ खोदे जाते हैं और लोगों को सफाई से रहने की प्रेरणा दी जाती है। इतना ही नहीं, सेवक दल के सदस्य जगह-जगह किसान सभाएँ संगठित करते हैं, किसानों को बेगार न करने और नाजायज कर न देने के लिए प्रेरित करते हैं तथा आर्थिक समानता का प्रचार करते हैं। शासन इस आन्दोलन को दबाने के लिए दमन का मार्ग अपनाता है और विनय सिंह को जेल में डाल दिया जाता है। इसी बीच क्लार्क का स्थानान्तरण पोलिटिकल एजेंट के रूप में उदयपुर हो जाता है और विनय सिंह की प्रेमदीवानी सोफिया भी उसके साथ वहाँ पहुँच जाती है। परिस्थितियाँ ऐसी मोड़ लेती हैं कि वीरपाल सिंह का दल सोफिया का अपहरण कर ले जाता है और सोफिया के प्रेम में अन्धा बना विनय सिंह जनता पर होनेवाले दमन में उदयपुर के प्रशासन और क्लार्क का दाहिना हाथ बन जाता है। सेवक दल के सदस्य वीरपाल सिंह के दल के साथ भूमिगत हो जाते हैं। प्रजा पर होने वाले अत्याचार को देखकर सोफिया भी वीरपाल के दल के साथ हो जाती है और हिंसक क्रान्ति का संकल्प करती है।

विनय सिंह के राजस्थान जाने से लेकर उसके वहाँ से लौटने तक की कहानी 16वें परिच्छेद से 35वें परिच्छेद तक, लगभग 8 परिच्छेदों में (109 पृष्ठ) फैली हुई है। यह कहानी भी उपन्यास के केन्द्रीय विषय से जुड़ी हुई है। वस्तुतः सूरदास और जान सेवक की संघर्ष कथा तथा उदयपुर में सेवक दल और वीरपाल सिंह के आतंकवादी दल का वहाँ के शासन से संघर्ष एक ही विषय, भारत का स्वाधीनता संग्राम, के दो पहलू हैं। राजस्थान से लौटने पर विनय, सोफिया, इन्द्रदत्त सभी

सूरदास-जान सेवक के संघर्ष में शामिल हो जाते हैं और विनय तथा इन्द्रदत्त तो इस संग्राम में शहीद भी हो जाते हैं। इस प्रकार सेवक दल के राजस्थान जानेवाली कथा रानी जाह्नवी और कुँवर भरत सिंह की कथा से उद्‌भूत होकर उपन्यास के केन्द्रीय विषय के एक पहलू का चित्रण करती हुई अन्ततः मूल कथा में—सूरदास-जान सेवक की संघर्ष कथा में—तिरोहित हो जाती है।

उपन्यास में कुछ और कथाएँ हैं। इनमें प्रमुख है सोफिया और विनय की प्रेम कथा। यह कथा उपन्यास के तीसरे परिच्छेद से आरम्भ होकर 49वें परिच्छेद तक उपन्यास की केन्द्रीय कथा के साथ गुम्फित रूप में अग्रसर होती है—वृक्ष के साथ लिपटी लता की तरह। केवल दो या तीन परिच्छेदों में यह कथा स्वतंत्र रूप से भी प्रस्तुत की गई है। यों तो प्रेमकथा होने के कारण इस कहानी का उपन्यास में स्वतंत्र महत्त्व स्पष्ट ही है, पर उपन्यासकार ने इसे केन्द्रीय विषय से जोड़कर ही प्रस्तुत किया है। सोफिया-विनय के प्रेम का संघर्ष दो प्रवृत्तियों से है। इसका एक संघर्ष हिन्दू और ईसाई समाज की रूढ़ मान्यताओं से है। विनय की माँ रानी जाह्नवी और सोफिया की माँ श्रीमती जान सेवक दोनों अपनी-अपनी साम्प्रदायिक कट्टरताओं के कारण इस प्रेम और इसकी परिणति, विनय-सोफिया के विवाह, के विरुद्ध हैं। अन्ततः रानी जाह्नवी अपने दुराग्रह का परित्याग करती दिखाई देती हैं जो प्रेमचन्द की रूढ़िमुक्त प्रगतिशील दृष्टि का परिचायक है। पर श्रीमती जान सेवक अपने दुराग्रह को नहीं छोड़ पातीं जिसके फलस्वरूप सोफिया आत्महत्या करने को विवश होती है।

इस प्रेम का दूसरा संघर्ष कर्तव्य भावना के साथ है। प्रेम और कर्तव्य, प्रेम और लोकमंगल का संघर्ष साहित्य का शाश्वत विषय रहा है। यह संघर्ष इस उपन्यास में भी अपनी पूरी प्रखरता के साथ चित्रित हुआ है और प्रेमचन्द ने भी यही दिखाया है कि कर्तव्य और लोकमंगल की भावना से शून्य प्रेम मनुष्य का श्रेय नहीं हो सकता। इस प्रकार सोफिया और विनय की प्रेमकथा उपन्यास के केन्द्रीय विषय से अविच्छिन्न नहीं है।

उपन्यास में एक और गौण कथा ताहिर अली और उसके परिवार की है जो वैसे तो जान सेवक-सूरदास की संघर्ष कथा से जुड़ी हुई है पर दो या तीन परिच्छेदों

में स्वतंत्र अस्तित्व भी ग्रहण करती है। इसके द्वारा प्रेमचन्द ने निम्न मध्यवर्गीय मुसलमानों की पारिवारिक जिन्दगी का बहुत सुन्दर चित्र प्रस्तुत किया है। इस कथा का अन्तिम अंश, जो 36वें और 47वें परिच्छेदों में प्रस्तुत किया गया है, केन्द्रीय विषय से अलग हो गया है। इनमें 36वें परिच्छेद की कथा तो कम-से-कम मुख्य कथा से जुड़ी हुई है, अतः उसके औचित्य को किसी हद तक स्वीकार किया जा सकता है, पर 47वाँ परिच्छेद अवश्य ही फालतू है।

पर, कुल मिलाकर, अत्यन्त व्यापक फलक का उपन्यास होने पर भी 'रंगभूमि' एक सुसंगठित कथाशिल्प का उपन्यास है। यत्र-तत्र एकाध परिच्छेद या छोटे-मोटे प्रसंग भले ही मुख्य विषय से असम्बद्ध जान पड़ें पर उपन्यास की सभी छोटी-बड़ी कथा धाराएँ एक-दूसरे से सम्बद्ध हैं और जहाँ वे कुछ दूर तक स्वतंत्र प्रवाहित होती हैं वहाँ भी विषय की समानता उन्हें परस्पर सम्बद्ध रखती है। इस दृष्टि से 'रंगभूमि' का कथाशिल्प 'गोदान' की तुलना में अधिक सुसम्बद्ध है।

पर कथाशिल्प का सौष्ठव केवल उसके संगठन में निहित नहीं होता। संगठन के साथ-साथ उसकी बुनावट भी कलात्मक अर्थात विश्वसनीय, सन्तुलित, तर्कसंगत, तारतम्य युक्त और सहज होने की अपेक्षा रखती है। 'रंगभूमि' के कथाशिल्प में बुनावट की दृष्टि से अनेक त्रुटियाँ दिखाई पड़ती हैं जो इसके पूरे शिल्प को क्षतिग्रस्त करती हैं।

उदाहरण के लिए पहले हम 'सेवा समिति' या 'सेवक दल' के प्रसंग पर विचार करें। 28 पृष्ठों तक सूरदास-जान सेवक कथा के चलने बाद एक 'संयोग' की योजना द्वारा सेवा दल के प्रसंग तथा सोफिया-विनय के प्रेम प्रसंग का आरम्भ होता है। संयोग जीवन में भी घटित होते हैं पर उपन्यास में इसे कलात्मक दृष्टि से दोषपूर्ण माना जाता है। 'रंगभूमि' में भी यह संयोग कथाकार की मजबूरी का ही परिचायक है। इसके बाद सेवक दल के दो जत्थों के क्रमशः राजपूताना और गढ़वाल जाने का वर्णन है। सेवक दल के स्वयंसेवकों को तीन साल का प्रशिक्षण देने के बाद 'सेवा कार्य' में उतारा जाता है।[3] विनय के नायकत्व में बीस युवकों का जत्था दो साल तक भारत भ्रमण के लिए प्रस्थान करता है। उनके साथ एक लुटिया, डोर, धोती और कम्बल के सिवाय और सफर का सामान नहीं रहता; यहाँ तक कि खर्च

के लिए रुपये भी नहीं दिए जाते।[4] उद्देश्य है कि "इससे युवकों को कठिनाइयों का अभ्यास होगा, देश की यथार्थ दशा का ज्ञान होगा, दृष्टि क्षेत्र विस्तीर्ण हो जाएगा, और सबसे बड़ी बात यह कि चरित्र बलवान होगा, धैर्य, साहस, उद्योग, संकल्प आदि गुणों की वृद्धि होगी।" सर्वप्रथम इस जत्थे का राजपूताना जाने का कार्यक्रम बनता है। पृष्ठ 96 में यह दल राजपूताने के लिए प्रस्थान कर जाता है। इस वर्णन में एक हल्की सी आपत्ति की बात यह दिखाई पड़ती है कि जब यात्रियों को खर्च के लिए रुपये भी नहीं दिए जाते तो वे रेल से यात्रा कैसे कर सकते हैं। यहाँ थोड़ी सी सावधानी बरतने से इस सन्दिग्ध स्थिति का निवारण किया जा सकता था। जो हो, विनय का दल, जिसमें इन्द्रदत्त नाम का युवक भी है,[5] राजस्थान पहुँच जाता है और जहाँ-तहाँ बिखरकर जनता की सेवा और संगठन में जुट जाता है।

यह कहानी अपने ढंग से प्रायः सन्तोषजनक ढंग से ही अग्रसर होती है, पर अन्त तक पहुँचते-पहुँचते बहुत कमजोर हो जाती है और कथाकार इसे मूलकथा—सूरदास-जान सेवक की संघर्ष कथा—से जोड़ने में कलात्मक दृष्टि से सफल नहीं होता। 29वें परिच्छेद में वीरपाल द्वारा अपहृत सोफिया की खोज के सिलसिले में विनय की मुलाकात इन्द्रदत्त से होती है।[6] इन्द्रदत्त से सामना होते ही विनय का पहला सवाल है। "इन्द्रदत्त, तुम कहाँ? घर क्यों नहीं गए?" इस प्रश्न का कोई औचित्य नहीं है, क्योंकि इन्द्रदत्त उसके साथ ही आया है।

सोफिया से भेंट होने के बाद विनय उदयपुर रियासत के दीवान सरदार नीलकंठ से मिलता है। वर्णनों से लगता है कि सोफिया और इन्द्रदत्त से भेंट होने के बाद विनय लौटकर सीधे सरदार नीलकंठ से ही मिलता है और इसमें लगभग 36 घंटे का समय लगता है। पर आश्चर्य की बात है कि इसी बीच सरदार नीलकंठ को इन्द्रदत्त का एक पत्र मिल चुका है जिसमें उसने सोफिया से विनय की मुलाकात होने की सूचना दी है। विनय को आश्चर्य होता है कि "इन्द्रदत्त का इस पत्र से क्या उद्देश्य है? क्या मुझे बदनाम करना चाहता है।" वह नायकराम से कहता है—"पर मुझे न मालूम था कि वह (इन्द्रदत्त) मुससे इतना द्वेष रखता है।"[7] यह प्रसंग नितान्त असंगत है। न तो इन्द्रदत्त के किसी पूर्व और न ही परवर्ती आचरण से इसकी पुष्टि होती है। सरदार साहब के यहाँ से विनय यह धमकी देकर निकलता है कि यदि वे,

मिस्टर क्लार्क और हिज हाइनेस (उदयपुर के महाराजा) प्रजा पर होनेवाले दमन को नहीं समाप्त करेंगे तो वह रियासत का सबसे बड़ा दुश्मन होगा। विनय जब क्लार्क के यहाँ पहुँचता है तो पाता है कि वहाँ भी सोफिया का पत्र पहुँच चुका है और क्लार्क बौखलाया हुआ है। वह विनय के प्रस्ताव को अमान्य कर देता है।[8] हिज हाइनेस से मिलकर भी उसे निराशा ही होती है।

पर विनय अपने को 'रियासत का सबसे बड़ा शत्रु' घोषित करने के बावजूद कुछ कर नहीं पाता। उसकी निराशा और अकर्मण्यता इन शब्दों में व्यक्त होती है :

> ... मैं समझ गया नायकराम, मुझसे कुछ न होगा।...मुझे जीवन से भय लग रहा है। ...इस वक्त अगर अचानक मेरी मृत्यु हो जाए तो समझूँ, ईश्वर ने मुझे उबार लिया। (पृ. 393)

इसी मन:स्थिति में विनय को अपनी माँ रानी जाह्नवी का पत्र मिलता है जिसमें उन्होंने उसकी कटु भर्त्सना करते हुए उसकी मृत्यु की कामना की है। पत्र पढ़ते ही विनय अपनी माँ के पास पहुँचकर उनके चरणों में अपना सिर काटकर डाल देने का निश्चय करता है। कहना न होगा कि यह निश्चय बहुत बचकाना है और इससे कथाकार की कथा रचना की कमजोरी ही व्यक्त होती है। विनय को इतने असंगत ढंग से राजस्थान से बनारस लाने की कथाकार की यह योजना शिल्प की बहुत बड़ी त्रुटि है।

विनय नायकराम के साथ बनारस लौटने के लिए गाड़ी में सवार होता है। प्लेटफार्म पर ही उसे एक बुढ़िया मिलती है, जिसका बेटा, जसवन्तनगर के जेल का दारोगा, विद्रोहियों के द्वारा मारा गया है। विनय समझ जाता है कि यह वीरपाल सिंह के अनुयायियों की क्रूर लीला है। विनय से भेंट के अवसर पर सोफिया ने अपना संकल्प दोहराया था कि वह उन पापियों से खून का बदला लेगी, जिन्होंने प्रजा की गरदन पर छुरियाँ चलाई हैं :

> एक-एक को जहन्नुम की आग में झोंक दूँगी, तब मेरी आत्मा तृप्त होगी। जो लोग आज निरपराधियों की हत्या करके सम्मान और कीर्ति

> का उपभोग कर रहे हैं, उन्हें नरक के अग्निकुंड में जलाऊँगी, और जब तक अत्याचारियों के इस जत्थे का मूलोच्छेद न कर दूँगी, चैन न लूँगी, चाहे इस अनुष्ठान में मुझे प्राणों ही से क्यों न हाथ धोना पड़े, चाहे रियासत में विप्लव ही क्यों न हो जाए, चाहे रियासत का निशान ही क्यों न मिट जाए? (पृ. 324)

> गाड़ी में सवार होते ही विनय को सूचना मिलती है कि विद्रोहियों ने कई जागीरदारों को लूट लिया है। फलस्वरूप पुलिस के सिपाही प्रत्येक स्टेशन पर टहलते हुए नजर आ रहे हैं। दरबार ने मुसाफिरों की रक्षा के लिए यह विशेष प्रबन्ध किया है। (पृ. 396)

ध्यान देने की बात यह है कि सोफिया से मिलने और बनारस लौटने के लिए गाड़ी पर सवार होने की घटनाओं में लगभग 48 घंटों का अन्तराल है। इसी बीच सोफिया और वीरपाल के नेतृत्व में हत्या और लूटपाट की इतनी घटनाओं का घटित हो जाना संगत नहीं है। यह भी उल्लेखनीय है कि क्लार्क को सोफिया के हिंसात्मक विद्रोह का पता चल चुका है और यह सूचना भी मिल गई है कि विनय और सोफिया की मुलाकात वीरपाल के गुप्त अड्डे पर हो चुकी है। इस परिस्थिति में प्रशासन विनय को बनारस जाने देता यह सर्वथा असंगत है।

पर इस प्रसंग की असंगति यहीं समाप्त नहीं होती। जिस गाड़ी से विनय यात्रा कर रहा है वह एकाएक पाँचवें स्टेशन से थोड़ी दूर पर रुक जाती है और जिस डिब्बे में विनय है उसी में सोफिया सवार होती है। यह भी 'संयोग' है जो लेखक के विशेषाधिकार का परिणाम है। सोफिया डिब्बे में बैठी बुढ़िया से कहती है कि आजकल स्टेशनों पर डाके पड़ रहे हैं, इसलिए वह बीच में गाड़ी खड़ी कराकर सवार हुई है। (पृ. 397) यह कथन नितान्त असंगत है, जिसकी व्याख्या अपेक्षित नहीं है। बुढ़िया के उतर जाने के बाद सोफिया विनय को बताती है कि

> उसने वीरपाल को एक भी हत्या की अनुमति नहीं दी। पर दल इस समय प्रत्याघात की धुन में उन्मत्त हो रहा है। किसी ने मेरी न सुनी। यही कारण है कि मैं अब यहाँ से जा रही हूँ। (पृ. 398)

सोफिया का यह कथन असंगतियों से भरा हुआ है। इसके पहले हम उसे पृष्ठ 324 पर 'प्रजा की गर्दन पर छूरियाँ चलानेवालों से खून का बदला लेने, उन्हें जहन्नुम की आग में झोंक देने' का संकल्प करते देखते हैं और यहाँ पृष्ठ 398 पर वह हत्याओं का सारा उत्तरदायित्व वीरपाल के सिर पर डाल देती है। यही वीरपाल पृष्ठ 319 पर विनय सिंह से अपनी प्राण रक्षा के लिए अनुनय करता दिखाया गया है। वीरपाल का कहना है कि सोफिया के अपहरण के पीछे उसका उद्देश्य उसके माध्यम से प्राण-दान पाने में सफलता पाना था। वह विनय से कहता है :

> हमारे ऊपर दया दृष्टि होनी चाहिए। ...आपके एक इशारे से हम लोगों की जान बच जाएगी। (पृ. 319)

वह रियासत के प्रति द्रोह भाव न रखने तक की प्रतिज्ञा करने को तैयार है। वह अत्यन्त भयभीत है। यह वीरपाल केवल सोफिया के संकल्प के चलते ही हिंसा मार्ग पर पुनः अग्रसर होने की हिम्मत कर सकता था। अतः सोफिया का उक्त कथन असंगतिपूर्ण है।

सोफिया विनय से यह भी कहती है कि पुलिस उसके पीछे है। पुलिस से बचने के लिए ही उसने रास्ते में गाड़ी को रोककर सवार होने की व्यवस्था की है। (पृ. 398) यह भी नितान्त असंगत है। एक तो रास्ते में रेलगाड़ी को रोकना बहुत मुश्किल है। दूसरे, बीच में गाड़ी के रुकने से तो पुलिस को और भी सन्देह होने की गुंजायश है। गाड़ी के बीच में रुकने की खबर तो अगले स्टेशन को हो ही जाएगी। पर सोफिया और विनय वहाँ उतर भी जाते हैं और रात-भर स्टेशन में ही रुके रहते हैं। पुलिस का भय न जाने कहाँ चला जाता है।

कहना न होगा कि उदयपुर से लौटते हुए विनय के सोफिया के साथ एक छोटे से स्टेशन पर उतर जाने का पूरा प्रसंग असंगतियों से भरा होने के कारण 'रंगभूमि' के कथाशिल्प को भोंड़ा बना देता है।

स्टेशन पर रात बिताकर सोफिया और विनय 'समीप के' भीलों के एक गाँव में चले जाते हैं। वे उस गाँव में एक साल तक रह जाते हैं। इस बात का कहीं कोई उल्लेख नहीं है कि उनकी जीविका की व्यवस्था कैसे होती है। यदि यह मान भी

लें कि भीलों का आतिथ्य उन्हें कोई कष्ट नहीं होने देता तो भी कई शंकाएँ रह ही जाती हैं। वे रेलवे स्टेशन के पते से अपने नाम पत्र-पत्रिकाएँ, पुस्तकें आदि मँगा लिया करते हैं। और पुलिस को इन बातों की कोई खबर नहीं होती! यह कत्तई विश्वसनीय नहीं है।

इस परिच्छेद में विनय द्वारा सोफिया पर वशीकरण मंत्र के प्रयोग का वर्णन है। यह पूरा-का-पूरा प्रसंग उपन्यास के लिए अनर्गल है। यह इस बात का द्योतक है कि इस प्रकार की अतिलौकिक क्रियाओं में प्रेमचन्द का विश्वास अब तक बना हुआ था। इतना ही नहीं सोफिया को रोज सपने में रानी जाह्नवी तलवार लिये खड़ी दिखाई देती हैं। सोफिया को विश्वास हो जाता है कि 'रानी जी का सूक्ष्म शरीर अवश्य यहाँ है।' वह इसकी व्याख्या भी करती है :

> प्रत्येक प्राणी के दो शरीर होते हैं—एक स्थूल, दूसरा सूक्ष्म। दोनों अनुरूप होते हैं, अन्तर केवल इतना ही है कि सूक्ष्म शरीर स्थूल शरीर से कहीं सूक्ष्म होता है। वह साधारण दशाओं में अदृश्य रहता है, लेकिन समाधि या निद्रावस्था में स्थूल शरीर का स्थानापन्न बन जाता है।

यह विचार सोफिया के पारिवारिक-धार्मिक संस्कार, शिक्षा-दीक्षा, वैचारिकता आदि के अनुरूप नहीं है। प्रेमचन्द ने अपने रूढ़ संस्कारों को सोफिया पर आरोपित कर दिया है।

कुल मिलाकर यह परिच्छेद (परि. 38) उपन्यास की संरचना में फालतू, असंगत और अनावश्यक जोड़ की तरह है। अन्ततः विनय और सोफिया बनारस पहुँचते हैं। निश्चय ही सेवक दल के अन्य सदस्य उनसे लगभग एक साल पूर्व बनारस पहुँच गए होंगे। उदयपुर रियासत में वीरपाल का हिंसक आन्दोलन दमन कर दिया होगा। पर उपन्यास में इसका वर्णन कहीं भी नहीं आता। इतना ही नहीं, हम इन्द्रदत्त को बनारस में खुलेआम सेवक दलका कार्य सम्पादित करते देखते हैं जबकि उदयपुर में अधिकारियों को पता चल गया था कि वह वीरपाल के दल के साथ है। पुलिस बनारस में उसकी खोज नहीं करती, यह असंगत है। इस प्रकार

प्रेमचन्द को उदयपुर रियासत में घटित होनेवाली कथा को बनारस में चलने वाली कथा से जोड़ने में कलात्मक सफलता नहीं मिली है।

सेवक दल का दूसरा जत्था डॉ. गांगुली के नेतृत्व में गढ़वाल जाता है जहाँ भीषण अकाल पड़ा हुआ है। इसका प्रथम उल्लेख 14वें परिच्छेद में पृ. 159 पर आता है। 15वें परिच्छेद में इस जत्थे की स्टेशन पर विदाई का वर्णन है। इस विदाई समारोह में शामिल होने-न-होने को लेकर महेन्द्र कुमार और इन्दु में कलह हो जाता है। इन्दु तो इस समारोह में सम्मिलित नहीं हो पाती पर महेन्द्र कुमार उससे बहुत प्रभावित होकर लौटते हैं। राजा महेन्द्र कुमार उसका वर्णन निम्नलिखित शब्दों में करते हैं :

> बड़ा ही मनोहर दृश्य था। कई हजार मनुष्यों ने जब यात्रियों पर पुष्प-वर्षा की, तो सारी भूमि फूलों से ढक गई। सेवकों का राष्ट्रीय गान इतना भावमय इतना प्रभावोत्पादक था कि दर्शक वृन्द मुग्ध हो गए। (पृ. 169)

पर यह कथा यहीं समाप्त हो जाती है। विनय के नेतृत्व में राजस्थान जानेवाले जत्थे की तरह डॉ. गांगुली के जत्थे की कथा विकसित नहीं हुई है। कथाकार बाद में इस प्रसंग को बिलकुल भूल जाता है। 15वें परिच्छेद के बाद 24वें परिच्छेद में डॉ. गांगुली का उल्लेख आता है। प्रभु सेवक सोफिया को उदयपुर में विनय के जेल में डाल दिए जाने की सूचना देते हुए बताता है कि कुँवर साहब और डॉ. गांगुली वहाँ जाने को तैयार हैं। (पृ. 253) इसका मतलब यह है कि डॉ. गांगुली अपने दल के साथ गढ़वाल से लौट आए हैं। पर कथाकार को इसकी सूचना देनी चाहिए थी।

इन्द्रदत्त के प्रसंग में भी कथाकार से भूलें हुई हैं। इन्द्रदत्त, विनय के जत्थे के साथ राजस्थान गया है और वह वहाँ के गाँवों में घूम-घूमकर सेवा और संगठन के काम में लगा हुआ है। वीरपाल सिंह सोफिया को अपहृत कर अपने गुप्त स्थान में ले जाता है तो इन्द्रदत्त भी उसके साथ है। यह कथा 29वें परिच्छेद तक चलती है। उसके बाद ही इन्द्रदत्त को कभी बनारस लौटना चाहिए। पर 31वें परिच्छेद में हम इन्द्रदत्त को बनारस में सूरदास के विरुद्ध चलनेवाले जाली मुकदमे के प्रसंग में अदालत में उपस्थित देखते हैं। इस बात का ठीक-ठीक पता तो नहीं चलता कि

राजस्थान में विनय, इन्द्रदत्त, सोफिया आदि कितने समय तक रहते हैं, पर कतिपय उल्लेखों से इसकी अवधि लगभग दो वर्ष निर्धारित की जा सकती है। जेल में डाले जाने के पूर्व विनय को उदयपुर आए 'कई महीने' हो चुके।[9] यह अवधि 4 से 6 महीने तक हो सकती है। 6 महीने बाद वीरपाल सिंह का दल उसे जेल से भगा ले जाने की कोशिश करता है।[10] इसके कुछ दिन बाद क्लार्क और सोफिया उदयपुर पहुँचते हैं। लगभग एक महीने बाद सोफिया को विनय के जसवन्त नगर जेल में होने की सूचना मिलती है।[11] सोफिया के विनय से मिलने और वीरपाल द्वारा अपहृत किए जाने कां समय भी लगभग एक महीना निर्धारित किया जा सकता है। सोफिया वीरपाल के गुप्त स्थान में लगभग एक साल रहती है। 29वें परिच्छेद में उदयपुर में एक साल तक दमनचक्र चलने का उल्लेख आता है।[12] इसके बाद ही विनय सोफिया से मिलता है और उसके दो दिन बाद ही बनारस के लिए चल पड़ता है। इस प्रकार यह अवधि लगभग दो वर्ष की ठहरती है। उधर सूरदास की जमीन जान सेवक को मिल जाने के बाद सोफिया क्लार्क के साथ उदयपुर पहुँचती है। सोफिया क्लार्क और इन्द्रदत्त के दल के साथ लगभग एक वर्ष दो महीना रहती है। इधर सूरदास की जमीन के अधिग्रहण के सिलसिले में राजा महेन्द्र कुमार और मि. क्लार्क का संघर्ष भी साल-भर तक चलता है।[13] इसके बाद ही कुँवर भरत सिंह को विनय के कारावास दंड का समाचार मिलता है। निश्चय ही बनारस में विनय के जेल में होने की सूचना 6 महीने बाद मिलती है, जो बहुत संगत नहीं जान पड़ता।

23वें परिच्छेद में सोफिया के प्रयत्न से सूरदास को उसकी जमीन वापस मिल जाती है। पर उसके साल-भर बाद पुनः फैसला उसके विरुद्ध हो जाता है। जमीन वापस मिलने के कुछ ही दिन बाद सूरदास पर भैरो की स्त्री सुभागी को बहकाने का मुकदमा चलता है जिसमें हम इन्द्रदत्त को उपस्थित पाते हैं। निश्चय ही इस समय इन्द्रदत्त को राजस्थान में होना चाहिए। इन्द्रदत्त सूरदास पर हुए जुरमाने की रकम चुकाने के उद्देश्य से चन्दा जमा करता है और उसे छुड़ाने में उसे सफलता मिलती है। वस्तुतः इन्द्रदत्त, प्रभु सेवक आदि सभी युवक सूरदास के साथ हो जाते हैं। तैंतीसवें परिच्छेद में जान सेवक की तम्बाकू की फैक्टरी के 'करीब-करीब तैयार हो जाने' की सूचना दी गई है। सूरदास की जमीन के अधिग्रहण से लेकर

यहाँ तक की अवधि 6 महीने निर्धारित की जा सकती है। इस समय भी इन्द्रदत्त को राजस्थान में ही होना चाहिए था। पर पृ. 365 पर इन्द्रदत्त प्रभु सेवक से अपने राजपूताना जाने के कार्यक्रम की सूचना देता है। वह कहता है :

> बस, एक बार विनय सिंह से मिलना चाहता हूँ। मैं देखना चाहता हूँ कि उनके स्वभाव, चरित्र, आचार-विचार में इतना परिवर्तन रूपान्तर कैसे हो गया।

वह प्रभु सेवक से यह भी कहता है :

> तुम्हें तो मालूम है, हमलोगों ने बंगाल में प्राणियों के उद्धार के लिए कितना भगीरथ प्रयत्न किया। (पृ. 365)

पुनः वह सूरदास से कहता है :

> इस वक्त हममें से कुछ लोग राजपूताना गए हुए हैं और कुछ लोग पंजाब गए हुए हैं, जहाँ सरकारी फौज ने प्रजा पर गोलियाँ चला दी है। (पृ. 366)

इन्द्रदत्त और प्रभु सेवक की बातचीत से ऐसा लगता है कि इन्द्रदत्त सूरदास की जमीन के अधिग्रहण कर लिये जाने की कहानी नहीं जानता। (पृ. 367) यह तभी सम्भव है जब इन्द्रदत्त बनारस में न हो और परिच्छेद 31 में कहीं से बनारस लौटा हो। तो क्या यह माना जाए कि विनय के सहयोग से क्लार्क द्वारा उदयपुर में किए जानेवाले दमनचक्र का आरम्भ होने के साथ ही, या उसके कुछ पूर्व, इन्द्रदत्त बनारस आ गया है। पर न तो इसका कहीं उल्लेख है न कोई औचित्य। उसके बंगाल जाने का उल्लेख कोई अर्थ नहीं रखता। सेवादल का एक जत्था अकालग्रस्त गढ़वाल को जरूर गया था, पर किन्हीं जत्थों के बंगाल या पंजाब जाने का उल्लेख उपन्यास में इसके पूर्व नहीं आया है। यदि इन्द्रदत्त का राजस्थान दोबारा जाना हम 33वें परिच्छेद के अन्त में मान लें तो उसे सीधे वीरपाल के गुप्त स्थान में पहुँच जाना होगा जहाँ अपहृत और घायल सोफिया स्वास्थ्य लाभ कर रही है। पर यह

संगत नहीं प्रतीत होता। इन्द्रदत्त के राजपूताना प्रस्थान करते ही प्रभु सेवक सेवादल का नायक बना दिया जाता है पर साथ ही पृष्ठ 416 पर यह भी उल्लेख मिलता है कि इन्द्रदत्त प्रभु सेवक के नेतृत्व में कार्य कर रहे हैं। पृष्ठ 377 पर यह उल्लेख भी आया है कि कुँवर भरत सिंह इन्द्रदत्त को उद्दंड स्वभाव का आदमी होने के कारण दल का नायक नहीं बनाते। पृष्ठ 417 पर इन्द्रदत्त और प्रभु सेवक के एक साथ मिलकर सेवा दल को राजनीतिक मार्ग पर ले जाने का उल्लेख आता है। इस प्रकार कुल मिलाकर इन्द्रदत्त का प्रसंग उपन्यास में हचपच हो गया है। श्रेष्ठ कथाकार से हम इस प्रकार की भूलों की अपेक्षा नहीं रखते।

37वें परिच्छेद के आरम्भ में प्रभु सेवक दल का नेतृत्व सँभालता है और चार ही पृष्ठ के बाद पूना में आयोजित 'राष्ट्रीय सभा' के अधिवेशन में पहुँच जाता है। 38वें परिच्छेद में आए एक उल्लेख के अनुसार इस बीच एक वर्ष की अवधि समाप्त हो जानी चाहिए। इस समय तक सोफिया और विनय को भीलों की बस्ती में निवास करते एक साल बीत चुका है। वे अखबार में पूना में दिए गए प्रभु सेवक का भाषण पढ़ते हैं। (पृ. 427) प्रश्न उठता है इस बीच सूरदास और जान सेवक की संघर्ष कथा कहाँ है। मजदूरों की कॉलोनी बनाने के लिए पांडेपुर गाँव को खाली कराने के प्रश्न पर ही प्रभु सेवक का अपने पिता से मतभेद होता है और वह सेवक दल में शामिल हो जाता है। शायद यह मानना पड़े कि इस बीच जान सेवक अपने कारखाने के निर्माण और उत्पादन आरम्भ करने के प्रयास में लगा हो। पूना से प्रभु सेवक के लन्दन चले जाने और विनय तथा सोफिया के बनारस लौटने के बाद ही पांडेपुर जान सेवक को मिलता है। (पृ. 457)

प्रभु सेवक के लन्दन चले जाने और वहाँ साहित्यिक ख्याति पाने का प्रसंग भी उपन्यास की पूरी संरचना के मेल में नहीं है। राष्ट्रीय सभा के पूना अधिवेशन में किसी यूरोपियन का उस पर गोली चलाना और अँगरेज गवर्नर मि. विल्सन का उसे प्रशंसा पत्र लिखना संगत नहीं प्रतीत होता। प्रथम तो 'राष्ट्रीय सभा' के समारोह में, जिसमें क्रान्तिकारी विचारों वाले, अँगरेजी शासन के विरोधी प्रभु सेवक का भाषण होने वाला हो, प्रान्त के गर्वनर और यूरोपियन महिलाओं का आना ही असंगत है, दूसरे गवर्नर का उस भाषण के लिए जिसकी बिना पर ही प्रभु सेवक दल से

निकाल दिया जाता है, प्रभु सेवक को प्रशंसा पत्र देना, बेमतलब की बात है। प्रभु सेवक का सेवक दल से अलग हो जाना भी संगत नहीं है, क्योंकि अब तक दल में उसके अनुयायियों की संख्या बढ़ गई है। सोफिया और विनय के लौटने के बाद तो दल की 'राजनीति की गति' और भी 'तीव्र और उग्र' हो जाती है। (पृ. 449) प्रभु सेवक बम्बई के गवर्नर की प्रेरणा से ही लन्दन जाता है और वहाँ पहुँचते ही उसे साहित्यिक ख्याति मिलनी शुरू हो जाती है। अब वह यह भी अनुभव करने लगता है कि अँगरेज 'बड़े ही सहृदय, उदार, स्नेहशील प्राणी हैं।' वह लिखता है :

> मुझे इस जाति से अब श्रद्धा हो गई है, और मुझे विश्वास हो गया कि इस जाति के हाथों हमारा अहित कभी नहीं हो सकता।

वह विनय को सलाह देता है :

> ...आपको सेवा के उच्चादर्शों का पालन करना चाहिए, और राजनीतिक परिस्थितियों से विरक्त होकर 'वसुधैव कुटुम्बकम्' के प्रचार को अपना लक्ष्य बनाना चाहिए।

निश्चय ही प्रभु सेवक के इस पतन द्वारा प्रेमचन्द का उद्देश्य बुर्जुवा वर्ग के उन देश सेवकों की पोल खोलना है जो अपने स्वार्थ या अहं पर तनिक सी चोट लगते ही अपने असली रूप में आ जाते हैं। यदि विनय का पतन प्रेम के कारण होता है तो प्रभु सेवक का पतन साहित्यिक ख्याति के लोभ के कारण। पर प्रेमचन्द जैसे विनय की कहानी को विश्वसनीय नहीं बना पाए हैं उसी प्रकार प्रभु सेवक की कहानी भी विश्वसनीय नहीं बन सकी है।

एक बात और। पहले सूचना ही जाती है कि प्रभु सेवक लन्दन गया है। (पृ. 453) पर प्रभु सेवक विनय के नाम अपने पत्र में लिखता है :

> ईश्वर से प्रार्थना कीजिए कि अमेरिका से सकुशल लौट आऊँ। (पृ. 455)

यद्यपि तनिक सी सावधानी से यह असंगति दूर की जा सकती थी, पर प्रेमचन्द यह सावधानी नहीं बरतते।

विनय और सोफिया की कहानी में कई प्रसंग प्रेमचन्द की कमजोर कल्पना और दुर्बल कारीगरी (क्राफ्टमैनशिप) के परिचायक हैं। विनय का नायक राम के साथ जेल से भागना ऐसा ही प्रसंग है। विनय वीरपाल सिंह के साथ जेल से भागने के प्रस्ताव को अस्वीकार कर देता है। सोफिया के प्रस्ताव को भी वह स्वीकार नहीं करता, पर नायक राम के साथ दीवार पर छलाँग लगाकर जेल से भागने के लिए वह चटपट तैयार हो जाता है। नायक राम के जेल के भीतर पहुँचकर विनय को भगा ले जाने का प्रसंग भी विश्वसनीय नहीं बन पाया है। जेल से भागने के बाद विनय सोफिया के अपहरणकर्ताओं का पता लगाने के लिए उदयपुर प्रशासन से मिल जाता है। पर कहीं भी उसके जेल से भागने का प्रसंग नहीं उठता। बड़ी आसानी से उदयपुर प्रशासन उसके जेल से निकल भागने के प्रसंग को नजरअन्दाज कर देता है, उसकी चर्चा तक कोई नहीं करता। राजनीतिक अपराधी के इस प्रकार जेल से निकल भागने की उपेक्षा प्रशासन करे, यह विश्वसनीय नहीं है।

इसी प्रकार विनय की कथा में उसकी मृत्यु का प्रसंग बहुत कमजोर है। पांडेपुर के अधिग्रहण के सिलसिले में जारी संघर्ष में विनय किसी बहादुरी का परिचय नहीं देता। वह तो पांडेपुर जाने तक में हिचक रहा है। सोफिया तथा अन्य लोगों की नजर से न गिरने के डर से वह पांडेपुर पहुँचता है, जहाँ क्लार्क सूरदास को गोली मार देता है। इस पर क्रुद्ध जनता प्रत्याक्रमण के लिए तैयार हो जाती है। विनय सम्भावित रक्तपात को रोकने के लिए जनसमूह के बीच उसे शान्त करने के लिए जाता है। उसे देखते ही भीड़ से कुछ लोग उस पर फब्तियाँ कसने लगते हैं और यह दिखाने के लिए कि 'रईसों के बेटे क्यों कर प्राण देते हैं' विनय अपनी छाती में गोली मार देता है। बाद में विनय की इस आत्महत्या को शहादत का रूप दिया गया है। इस प्रसंग की रचना में प्रेमचन्द ने श्रेष्ठ कारीगरी का परिचय नहीं दिया है।

इसी प्रसंग में एक मुसलमान युवक के भावुकता वश, विनय की लाश पर फिदा होने की गरज से, अपनी गरदन पर तलवार चला देने का वर्णन है। यह वर्णन

शिल्प की दृष्टि से हास्यास्पद है। आन्दोलन में शामिल या तमाशाई मुसलमान युवक के हाथों में तलवार आ जाने का कोई औचित्य नहीं है।

सोफिया की कहानी में उसके बिना विवाह किए क्लार्क के साथ उदयपुर जाने और वहाँ जाकर विनय को जेल से छुड़ाने के प्रयास का पूरा प्रसंग कई जगह असंगत और अविश्वसनीय हो गया है। माना कि यूरोपीय समाज में स्त्रियों को बहुत स्वतंत्रता होती है, पर अविवाहित रूप में कोई ईसाई भारतीय युवती किसी अँगरेज के साथ महीनों रहे और फिर भी उसका चरित्र असन्दिग्ध रह जाए, यह मुमकिन नहीं है। श्रीमती सेवक की बात तो छोड़ दें, जान सेवक, ईश्वर सेवक और प्रभु सेवक को भी सोफिया के क्लार्क के साथ बनारस से उदयपुर जाने और उसके साथ रहने में कोई आपत्ति नहीं है। यहाँ तक कि रानी जाह्नवी और कुँवर भरत सिंह को भी सोफिया के चरित्र पर कोई सन्देह नहीं होता और राजस्थान से लौटने पर वे उसके साथ विनय के विवाह की तैयारी करने लगते हैं। सोफिया विनय को जेल से मुक्त कराने के लिए जो कुछ करती है, वह क्लार्क के मन में उसके प्रति सन्देह पैदा करने के लिए पर्याप्त है। यह भी असंगत है कि क्लार्क बनारस का जिलाधीश होते हुए भी वहाँ के सबसे बड़े रईस के एक मात्र पुत्र को, जो जनसेवा में लगा हुआ है और उदयपुर रियासत में विद्रोह फैलाने के आरोप में जेल में है, पहले से न जानता हो। पर क्लार्क को सोफिया के आचरण में कोई असंगति नहीं दिखाई पड़ती और वह उसके इशारों पर नाचता दिखाया गया है। क्लार्क का चरित्र इस प्रसंग में बिलकुल अविश्वसनीय हो गया है।

सोफिया और विनय के प्रेम प्रसंग की रचना में भी प्रेमचन्द कुशल कारीगरी का परिचय नहीं दे सके हैं। अनेकत्र सोफिया के मन का द्वंद्व मनोवैज्ञानिक यथार्थ का परिचायक नहीं है। कथा के अन्त में सोफिया की आत्महत्या का प्रसंग भी कमजोर कारीगरी का द्योतक है। उसे भी रानी जाह्नवी और इन्दु की तरह देशसेवा के कार्य में रत दिखाना अधिक संगत होता।

सूरदास-जान सेवक की संघर्ष कथा में भी कुछ कमजोर स्थल हैं। इसमें सबसे कमजोर प्रसंग है राजा महेन्द्र कुमार की सूरदास की प्रतिमा को तोड़ने के प्रयास में

मृत्यु। कुछ छोटी-मोटी और त्रुटियाँ भी दिखाई देती हैं। उदाहरणार्थ पृष्ठ 109 पर कथाकार बतलाता है कि :

> भैरो का घर बस्ती के पश्चिमी सिरे पर था और जगधर का घर पूर्व सिरे पर।

पर बाद में कथाकार इसे भूल जाता है और पृष्ठ 341 पर कहता है :

> जगधर का घर (भैरो के घर से) मिला हुआ था। यह सब सुन रहा था और मुँह न खोलता था।

इस प्रकार की अनवधानताएँ उपेक्षणीय होने पर भी श्रेष्ठ रचनाओं के लिए घातक होती हैं और उन्हें 'महान' की कोटि में नहीं पहुँचने देतीं।

जब किसी उपन्यास में एक साथ कई कथाएँ नियोजित होती हैं तो न केवल उनके परस्पर गुम्फन की वरन उनके अग्रसारण की भी समस्या होती है। अब यह मान लिया गया है कि यदि विषय की अपेक्षा हो तो उपन्यास में नियोजित कथाएँ परस्पर गुम्फित न होकर समानान्तर धाराओं के रूप में भी विकसित हो सकती हैं। 'रंगभूमि' की कथाएँ विषय और प्रस्तुति दोनों दृष्टियों से सम्बद्ध हैं, यह हम देख चुके हैं। जहाँ तक विभिन्न कथाओं के संक्रमण का प्रश्न है 'रंगभूमि' में उनका युगपत संक्रमण होता है। प्रथम दो परिच्छेदों में (पृ. 1-20) सूरदास और जान सेवक की संघर्ष कथा जन्म लेती है। तीसरे परिच्छेद में जान सेवक के परिवार की कथा आरम्भ होती है और उसी में रानी जाह्नवी, कुँवर भरत सिंह, डॉ. गांगुली, विनय आदि द्वारा स्थापित सेवक दल की कथा आरम्भ हो जाती है। परिच्छेद 4-7 में सूरदास-जान सेवक की संघर्ष कथा है। परिच्छेद 8-9 में मुख्यतः सेवक दल की कथा है जिसमें सोफिया-विनय की प्रेमकथा भी जन्म ले लेती है। परिच्छेद 10-13 में सूरदास-जान सेवक की संघर्ष कथा है। इसमें 11वाँ परिच्छेद भैरो और सूरदास को उपकथा के रूप में है। परिच्छेद 14-15 सोफिया की, विनय से उसके प्रेम की कहानी प्रस्तुत करते हैं। 15वें परिच्छेद में सेवक दल और सूरदास-जान सेवक की संघर्ष कथा, दोनों, राजा महेन्द्र कुमार की पारिवारिक कथा के

साथ मिली हुई हैं। परिच्छेद 16-17 में विनय के नेतृत्व में राजस्थान जाने वाले सेवक दल के जत्थे की कहानी है। परिच्छेद 18-21 में सूरदास-जान सेवक की संघर्ष कथा है, जिसमें सोफिया-क्लार्क, सोफिया-इन्दु की कथा भी मिली हुई है। 22वें परिच्छेद में ताहिर अली की उपकथा है। 23वें परिच्छेद में सूरदास-भैरो-सुभागी की उपकथा है। परिच्छेद 24-25 में सूरदास, जान सेवक, क्लार्क, महेन्द्र कुमार, सोफिया, इन्दु, सबकी मिली-जुली कथा है। परिच्छेद 26 में सोफिया के राजस्थान पहुँचने की कथा है। परिच्छेद 26-30 तक राजस्थान में सेवक दल और रियासत के बीच संघर्ष तथा सोफिया-विनय की कथा प्रस्तुत की गई है। 31वें परिच्छेद में सूरदास-भैरो-सुभागी प्रसंग है। 32वें परिच्छेद में यह कथा व्यापक जन संघर्ष का रूप ग्रहण कर लेती है। परिच्छेद 33-34 में सूरदास-जान सेवक की संघर्ष कथा अग्रसर होती है। 35वें परिच्छेद में राजस्थान में चलनेवाली संघर्ष कथा और विनय के बनारस लौटने का प्रसंग प्रस्तुत किया गया है। परिच्छेद 36 में ताहिर अली की उपकथा और परिच्छेद 37 में प्रभु सेवक के नेतृत्व में सेवक दल की कथा की प्रस्तुति है। 38वें परिच्छेद में बनारस लौटते हुए सोफिया और विनय के एक वर्ष तक भीलों के गाँव में रह जाने तथा 39वें परिच्छेद में सोफिया और विनय के बनारस पहुँचने की कथा है। परिच्छेद 40 में सूरदास-सुभागी प्रसंग है। परिच्छेद 41-46 में सूरदास-जान सेवक की संघर्ष-कथा अग्रसर होती है। परिच्छेद 47 में ताहिर अली के परिवार की उपकथा है। परिच्छेद 48 में राजा महेन्द्र कुमार की राजनीतिक हार और मृत्यु तथा परिच्छेद 49 में सोफिया की आत्महत्या की कथा है। अन्तिम परिच्छेद में रानी जाह्नवी और डॉ. गांगुली के नेतृत्व में सेवक दल के पुनः संगठन के साथ उपन्यास समाप्त होता है।

इस विवरण से जो बात स्पष्ट होती है वह यह कि रंगभूमि में प्रेमचन्द ने विभिन्न कथाओं के युगपत संक्रमण की अच्छी योजना की है। पर यह सर्वथा निर्दोष नहीं है। जैसा हम कह चुके हैं, कुछ प्रसंग बिलकुल अनावश्यक हैं जो परिच्छेदों की योजना को भी दोषपूर्ण बनाते हैं। इसके अतिरिक्त कतिपय परिच्छेदों की क्रम योजना में भी प्रेमचन्द से भूल हुई है। उदाहरण के लिए 'रंगभूमि' का 25वाँ परिच्छेद 24वें परिच्छेद के पहले आना चाहिए था। 24वें परिच्छेद में सोफिया और क्लार्क की

बातचीत से पाठक को इस बात की जानकारी मिलती है कि सूरदास की जमीन के अधिग्रहण के सम्बन्ध में क्लार्क का फैसला ऊँचे अधिकारियों द्वारा न केवल रद्द कर दिया गया है वरन उसका पोलिटिकल एजेंट के रूप में स्थानान्तरण भी कर दिया गया है। इसके बाद 25वें परिच्छेद में क्लार्क के फैसले के विरुद्ध राजा महेन्द्र कुमार, इन्दु, डॉ. गांगुली आदि के सम्मिलित विरोध और क्लार्क के तबादले के वर्णन का कोई औचित्य नहीं है।

26 वें परिच्छेद में कुँवर भरत सिंह द्वारा नायकराम को विनय को छुड़ाकर लाने के लिए राजस्थान भेजने की कथा भी बेजगह है। नायक राम सोफिया और क्लार्क के बाद जसवन्त नगर पहुँचता है। यदि यह कथा एक अलग अध्याय के रूप में नियोजित होती और 24वें तथा 25वें परिच्छेद का स्थान परिवर्तन कर इसे 26वें परिच्छेद के रूप में रखा गया होता, तो शिल्पगत त्रुटि दूर हो जाती।

इस विवेचन से हम इस निष्कर्ष पर पहुँचते हैं कि यद्यपि विभिन्न कथाओं के परस्पर गुम्फन और युगपत संक्रमण तथा दृश्यात्मक-परिदृश्यात्मक शिल्प-प्रविधि के प्रयोग में प्रेमचन्द ने 'रंगभूमि' में पर्याप्त सफलता प्राप्त की है, पर शिल्प की दृष्टि से 'रंगभूमि' निर्दोष नहीं है। विशेषकर किस्सागो के रूप में उनकी आसन्न वर्तमानता, सर्वज्ञ के रूप में सब कुछ कह देने की प्रवृत्ति, विचारक और उपदेशक के रूप में उनका बार-बार कथा संसार में प्रवेश और अनावश्यक हस्तक्षेप शिल्प को दोषपूर्ण बना देता है। उपन्यास में पाठक को प्रेमचन्द के किस्सागो की आवाज सर्वत्र सुनाई पड़ती रहती है; वह कहीं भी पाठक का साथ नहीं छोड़ता। किस्सागो की यह अवांछनीय विद्यमानता और फुसफुसाहट पाठक के मन में खीज पैदा करती है।

प्रेमचन्द रूपवादी उपन्यासकार नहीं हैं। शिल्प पर उन्होंने विशेष ध्यान नहीं दिया है। यही कारण है कि अपनी शिल्पगत त्रुटियों के बावजूद 'रंगभूमि' एक श्रेष्ठ उपन्यास है।

'रंगभूमि' : मूल्यांकन

'रंगभूमि' प्रेमचन्द के उपन्यासों में आकार और फलक.की व्यापकता की दृष्टि से बृहत्तम है। 'गोदान' की तरह यह भी 'महाकाव्यात्मक' उपन्यास है। बल्कि यह कहना कहीं ज्यादा संगत होगा कि 'महाकाव्य' सम्बन्धी परम्परागत कसौटी पर 'रंगभूमि' 'गोदान' की तुलना में महाकाव्य के अधिक निकट है। 'रंगभूमि' अपने युग की सर्वातिशायी समस्याओं और व्यापक प्रश्नों से 'गोदान' की अपेक्षा अधिक गहराई से जुड़ा हुआ है। स्वतंत्रता-प्राप्ति के पूर्व भारतीय जीवन की सबसे बड़ी समस्या आजादी प्राप्त करने की थी और स्वाधीनता संग्राम और उसकी भावी सफलता का प्रश्न तत्कालीन सम्पूर्ण युग की धड़कनों के साथ जुड़ा हुआ था। प्रेमचन्द ने इस उपन्यास में इस युग की धड़कन को सुनने और अंकित करने का प्रयास किया है। यह सही है कि उस समय भारतीय लेखक को अभिव्यक्ति की आजादी नहीं थी और प्रत्यक्ष रूप में आजादी की लड़ाई का चित्रण राजनीतिक अपराध था, जिसकी सजा कुछ भी हो सकती थी। प्रेमचन्द की पारिवारिक-आर्थिक परिस्थितियाँ और मानसिकता भी ऐसी न थी कि वे कोई बहुत बड़ा खतरा मोल ले सकते। इसके बावजूद उन्होंने जैसी गहरी राजनीतिक समझ, उदग्र देशप्रेम और कलात्मक सूझबूझ के साथ तत्कालीन जनाक्रोश का चित्रण किया है वह समस्त समकालीन भारतीय साहित्य में बेजोड़ है। अँगरेजी शासन के विरुद्ध जनाक्रोश का चित्रण बंकिमचन्द्र चट्टोपाध्याय, शरच्चन्द्र चट्टोपाध्याय, हरिनारायण आप्टे आदि उपन्यासकारों ने भी

किया है, पर प्रेमचन्द ने जितने व्यापक और जटिल सन्दर्भ में इस यथार्थ को प्रस्तुत किया है, वह उनके समकालीन और पूर्ववर्ती भारतीय उपन्यासकारों की रचनाओं में नहीं दिखाई देता। उन्होंने ब्रिटिश शासन काल में आम जनता के आर्थिक शोषण और उस पर किए जानेवाले नाना प्रकार के अत्याचारों का चित्रण तो किया ही है, साथ ही सत्ता और उसके सहायक सामन्तों-पूँजीपतियों के विरुद्ध जनता के विद्रोह तथा सत्ता द्वारा इस विद्रोह के कठोर दमन को भी प्रस्तुत किया है। 'रंगभूमि' का समस्त कथा संसार इसी यथार्थ पर आधारित है। सबसे महत्त्व की बात यह है कि प्रेमचन्द ब्रिटिश उपनिवेशवाद के नग्न यथार्थ को, जिसमें प्रमुख था चाहे जैसे भी हो भारत को आजाद न होने देना तथा उसका निरन्तर आर्थिक शोषण करते रहना, बहुत साफ तौर पर प्रस्तुत करते हैं। ब्रिटिश उपनिवेशवाद द्वारा भारतीय सामन्तवाद और पूँजीवाद के आम जनता के हितों के विरुद्ध उपयोग को भी प्रेमचन्द बहुत अच्छी तरह समझते और चित्रित करते हैं। इतना ही नहीं आजादी की लड़ाई में भाग लेनेवाले बुर्जुवा समाज की कमजोरियों को भी प्रेमचन्द पहचानते और प्रस्तुत करते हैं। कुँवर भरत सिंह, रानी जाह्नवी, राजा महेन्द्र कुमार सिंह, डॉ. गांगुली, विनय, प्रभु सेवक आदि के चरित्रों द्वारा प्रेमचन्द ने स्वाधीनता संग्राम में भाग लेने वाले भारतीय बुर्जुवा वर्ग के अन्तर्विरोधों को चित्रित किया है। इसी प्रकार सूरदास की असफलता गांधी जी की असफलता के रूप में प्रस्तुत की गई है, पर सूरदास अपने नैतिक साहस, दृढ़ता, मौलिक अधिकारों के प्रति सजगता, निष्काम कर्मयोग, अहिंसा आदि के बल पर जनता में जो नया जागरण पैदा कर देता है वह प्रतीक रूप में गांधी जी की भारतीय जीवन में वैसी ही सफलता का संकेतक है। वस्तुतः अपने सारे अन्तर्विरोधों के बावजूद भारतीय स्वाधीनता संग्राम अपने लक्ष्य की ओर अग्रसर हो रहा था, जिसका संकेत डॉ. गांगुली के मोहभंग तथा रानी जाह्नवी द्वारा सेवक दल के पुनः संगठन से मिलता है। प्रेमचन्द भारतीय स्वाधीनता की लड़ाई में आम जनता की भूमिका को बहुत अच्छी तरह समझते हैं, पर उसे कृत्रिम कथा निर्माण के द्वारा प्रस्तुत नहीं करते। यह उनके आलोचनात्मक यथार्थवादी होने का परिचायक है।

'रंगभूमि' की दूसरी महाकाव्यीय विशेषता नायक के चुनाव और उसके चरित्र निर्माण में निहित है। इसका नायक सूरदास साहित्य मात्र में नायक की समस्त

अवधारणा को चुनौती देनेवाला है। सूरदास एक नितान्त साधारण व्यक्ति है—आर्थिक, सामाजिक और शैक्षिक सभी दृष्टियों से नितान्त हीन, अन्धा, हरिजन, भिखारी, निरक्षर सूरदास। पर प्रेमचन्द ने उसके चरित्र को बहुत विश्वसनीय ढंग से महान बना दिया है; इतना उदात्त और महान कि वह 'नायकोचित' बन गया है। सूरदास के चरित्र की यह उदात्तता 'रंगभूमि' को महाकाव्यात्मक गरिमा प्रदान करती है।

प्रभाव की दृष्टि से जब हम सूरदास के चरित्र की तुलना 'गोदान' के होरी के चरित्र से करते हैं तो सूरदास का पलरा कुछ हल्का पड़ता है। इसका कारण यह है कि सूरदास की तुलना में होरी का चरित्र अधिक ट्रैजिक है। होरी वस्तुतः औपन्यासिक चरित्र बनता ही नहीं है; वह एक जीता-जागता वास्तविक गरीब भारतीय किसान है। उसकी त्रासदी समस्त भारतीय कृषक समाज की त्रासदी बन गई है। इसके विपरीत सूरदास निम्नवर्ग का प्रतिनिधि होने पर भी चरित्र की दृष्टि से 'नायक' बन गया है। उसकी शहादत त्रासदी का नहीं, वीरों की मृत्यु का प्रभाव पैदा करती है। वह महान बनकर मरता है; मरणासन्न अवस्था में उसकी मृत्युशय्या के आसपास बड़े बड़े लोग आते हैं, उसका गुणगान करते हैं, अपने अपराधों के लिए क्षमा माँगते हैं। उसकी मृत्यु के बाद उसकी शवयात्रा में हजारों की संख्या में जन समूह के साथ नगर के सभी गण्यमान्य व्यक्ति शामिल होते हैं और उसकी भव्य प्रस्तर मूर्ति नगर के चौराहे पर लगाई जाती है। इस प्रकार सूरदास आम आदमी होकर भी अन्ततः आम आदमी नहीं रह जाता, जबकि होरी आरम्भ से अन्त तक एक आम आदमी के रूप में बना रहता है और इस कारण उसकी अलोमहर्षक ट्रैजेडी हमें आन्दोलित करती है।

शिल्प की दृष्टि से 'रंगभूमि' में कोई वैशिष्ट्य नहीं है। यह दृश्यात्मक-परिदृश्यात्मक शिल्प प्रविधि में लिखित उपन्यास है। इसकी शिल्पगत विशेषता यह है कि कथा-संसार के व्यापक और वैविध्यपूर्ण होने पर भी विभिन्न कथाओं के संक्रमण और संयोजन में, कतिपय त्रुटियों और स्खलनों के बावजूद, कथाकार कुल मिलाकर सफल रहा है। पर जो त्रुटियाँ और स्खलन हैं—जिनका निर्देश शिल्प विवेचन के प्रसंग में किया गया है—वे श्रेष्ठ उपन्यास के लिए घातक हैं। शिल्प की दृष्टि से सबसे अधिक आपत्तिजनक बात प्रेमचन्द का उपन्यास में आद्यंत किस्सागो,

विचारक, उपदेशक आदि के रूप में मुखर और पाठक के निकट बना रहना है। परिदृश्यात्मक प्रविधि में तो प्रेमचन्द पाठकों को अपनी उपस्थिति से अवगत कराते ही रहते हैं, दृश्यात्मक प्रसंगों तथा पात्रों के मस्तिष्क की हलचलों के चित्रण के समय भी वे पाठकों को अकेले नहीं छोड़ते। यहाँ तक कि वे जहाँ-तहाँ औपन्यासिक पात्रों पर फब्तियाँ कसने और उनसे बातचीत करने में भी संकोच नहीं करते। ब्यौरों की अनेक भूलें भी खटकती हैं। इस प्रकार 'रंगभूमि' का कथाशिल्प महान उपन्यास के अनुरूप नहीं बन पाया है।

पर अपनी शिल्पगत त्रुटियों के बावजूद 'रंगभूमि' एक उच्च कोटि का उपन्यास है। यह भारतीय इतिहास के एक महत्त्वपूर्ण कालखंड का कलात्मक दस्तावेज है। भारतीय जनता की संघर्ष चेतना की इतनी जीवन्त प्रस्तुति किसी अन्य समकालीन भारतीय उपन्यास में नहीं मिलती। निश्चय ही 'रंगभूमि' महाकाव्यात्मक उपन्यास का आदर्श नमूना है।

टिप्पणियाँ

अध्याय 1

(इस परिच्छेद में प्रसंगत: आए समस्त ऐतिहासिक तथ्य डॉ. ताराचन्द कृत *हिस्टरी ऑफ द फ्रीडम मूवमेंट इन इंडिया,* भाग-4 से लिये गए हैं।)

1. डॉ. ताराचन्द, *हिस्टरी ऑव द फ्रीडम मूवमेंट इन इंडिया,* भाग-4, पब्लिकेशन्स डिवीजन, भारत सरकार, नई दिल्ली, 1972, पृ. 503
2. माइकेल ब्रेचर, *नेहरू : अ पोलिटिकल बायोग्राफी,* आक्सफोर्ड युनिवर्सिटी प्रेस, लन्दन, 1959, पृ. 155-156
3. डॉ. ताराचन्द, *हिस्टरी ऑफ द फ्रीडम मूवमेंट इन इंडिया,* भाग 4, पृ. 37

अध्याय 2

1. देखें रॉल्फ फॉक्स कृत *नॉवेल एंड द पीपुल* (प्र. फॉरैन लैंग्वेजेज पब्लिशिंग हाउस, मास्को, 1954) का 'डेथ ऑव द हीरो' शीर्षक अध्याय, पृ. 122-134
2. धनंजय, 'दशरूपक'।

अध्याय 3

1. सूरदास अपने गाँववालों से कहता है : "मेरे देने पर थोड़े ही है भाई, मैं दूँ तो भी जमीन निकल जाएगी, न दूँ तो भी निकल जाएगी। रुपये वाले सब कुछ कर सकते हैं।" (*रंगभूमि,* पृ. 17)

2. *रंगभूमि*, सरस्वती प्रेस, इलाहाबाद, 1965, पृ. 18
3. उपरिवत, पृ. 86
4. उपरिवत, पृ. 87
5. 16वें परिच्छेद में इस जत्थे के साथ इन्द्रदत्त के होने का उल्लेख है। (*रंगभूमि*, पृ. 182)
6. *रंगभूमि*, पृ. 309
7. उपरिवत, पृ. 385
8. उपरिवत, पृ. 388
9. उपरिवत, पृ. 178
10. उपरिवत, पृ. 189
11. उपरिवत, पृ. 268
12. उपरिवत, पृ. 307
13. उपरिवत, पृ. 257